COMO GERENCIAR E ENFRENTAR DESAFIOS

RAIMUNDO GODOY

Edição: 1
Belo Horizonte
2017

Libretteria
editora

Dados Internacionais de Catalogação na Publicação (CIP)
(eDOC BRASIL, Belo Horizonte/MG)

C355c

Castro Filho, Raimundo Godoy, 1953-.
Como gerenciar e enfrentar desafios / Raimundo Godoy Castro Filho. – Nova Lima (MG): Libretteria, 2017.
101 p. : il. ; 15,5 x 22,5

Inclui bibliografia.
ISBN 978-85-69922-02-5

1. Administração. 2. Empreendedorismo. 3. Sucesso nos negócios. I. Título.

CDD-658.11

Diagramação: Luíza Ferreira Costa
Revisão de texto: Carlos Bottrel Coutinho

Printed in Brazil – Impresso no Brasil

"Tu serás o administrador do meu palácio e todo o meu povo se conformará às tuas ordens."

Gênesis 41:40

SUMÁRIO

1

SOBRE ESTE LIVRO

"A obra que compartilho agora com os leitores começou a ser escrita em 2007 e chegou a ter uma edição impressa com pequena tiragem. Hoje, quase dez anos depois, me senti desafiado a lançar esse projeto com atualizações em sua versão final e definitiva. Os conceitos de gestão evoluíram, muita coisa aconteceu de lá para cá."

Dedicatória

Ser um prestador de serviço dedicado, que todos os dias busca aprimorar suas técnicas, procurando excelência e perfeição, é, sem dúvida, um grande desafio.

Há uma frase que resume meu pensamento: "se quiser ir depressa, vá sozinho, se quiser ir longe, vá acompanhado". Assim é minha caminhada: procuro estar sempre acompanhado de boas pessoas e bons profissionais, estes que, como eu, amam o que fazem, se entusiasmam com as conquistas, não se detêm diante das dificuldades e estão sempre motivados a seguir, a fazer cada dia melhor e superar os próprios limites.

Quando trabalhamos com prazer, alcançamos resultados promissores e o merecido reconhecimento pelo bom trabalho desempenhado.

Este livro, portanto, é dedicado a todos aqueles que fazem parte do nosso dia a dia, direta ou indiretamente. Aos clientes, pela inspiração e oportunidade de crescimento e aprendizado. Aos sócios do Instituto Aquila, amigos e companheiros no desafio diário de aprender e compartilhar novos conhecimentos, pela realização de um belo sonho. E, principalmente, a algumas pessoas que aparecem em nossas vidas, deixam marcas profundas e, de repente, partem antes do tempo: meu amigo fiel e sócio, Fabrício Miranda, fonte inesgotável de orgulho, gratidão e uma saudade cada dia maior!

Agradecimentos

Gratidão é o sentimento que determina nobreza de caráter de uma pessoa. Temos que reconhecer todas as contribuições que recebemos em nossa vida, tanto pessoais, como profissionais, e sermos gratos.

Sou grato ao trabalho, à família e aos amigos, mas, principalmente, a Deus, pelo dom da vida, pela coragem que me move e por não me deixar desistir jamais!

Não passamos por um caminho ou cruzamos com alguém por acaso. Cada caminho percorrido e cada pessoa que encontramos nessa caminhada determinam nossas escolhas, crescimento e sucesso. E entre essas escolhas estão as que considero essenciais e determinantes: aquilo que queremos ser ou fazer e com quem vamos compartilhar nossa caminhada. Acredito ter feito bem as duas.

Não chego aqui sozinho, mas muito bem acompanhado!

Por isso, agradeço aos colegas que me ajudaram neste trabalho. Gustavo Massa, pelo estudo e pesquisa sobre a vida de José do Egito, Augusto Massa, pela metodologia e Marco Antônio Venâncio, pela elaboração das reflexões. A vocês, meus sinceros agradecimentos!

Agradeço à minha família pelo privilégio de tê-los em minha vida e, principalmente, à minha irmã Ana, pelo incentivo diário para que eu escrevesse este livro. Em todos os nossos encontros, me perguntava: "quando receberei um exemplar"? Obrigado Ana, você é muito especial e uma grande amiga.

Ao meu saudoso pai, de quem tive a honra de herdar o nome e o amor pela terra e pelo trabalho, agradeço os longos anos de parceria, sociedade, confiança e amizade. Meu maior exemplo e inspiração, um grande contador de causos, com quem sempre dei as melhores risadas, hoje uma saudade eterna!

Ao professor José Martins de Godoy, meu irmão e orientador, referência profissional e grande exemplo a ser seguido. Vários ensinamentos e uma grande amizade. Muito obrigado pela persistência comigo!

À minha esposa, amiga e companheira, Fantine Márcia, pela família e por tudo que construímos juntos. Às minhas filhas, Natália, Gabriela, Fantine e Bárbara, por serem a melhor parte de mim e meu maior orgulho, e aos meus genros, hoje amigos e filhos. Vocês, tantas vezes sem a minha presença em datas especiais ou simplesmente no dia a dia, retribuíram com paciência, confiança e admiração todo o tempo que dedico ao meu trabalho.

Prefácio

Conheci o engenheiro Raimundo Godoy há 27 anos, durante uma viagem de lazer à Argentina, em 1989. Em Buenos Aires dispensou-me um tratamento muito especial, certamente por se tratar de um professor de sua alma mater, a Escola de Engenharia da UFMG.

Já naquela ocasião chamou-me a atenção sua personalidade forte de empreendedor e líder, como diretor de uma importante empresa do ramo automotivo. Usando uma expressão inglesa, Raimundo é um *doer*, que o dicionário Webster define como "uma pessoa que faz as coisas com vigor e eficiência, uma pessoa caracterizada pela ação".

Mais tarde, ao se ligar ao Projeto GQT - Gestão pela Qualidade Total, da Fundação de Desenvolvimento Gerencial-FDG, Raimundo logo se destacou como grande promotor de vendas de projetos e excepcional líder de equipes.

Neste livro, escrito com lucidez e com simplicidade franciscana, Raimundo Godoy descreve seu "encontro" com uma figura bíblica extraordinária, José do Egito, e vê nele uma pessoa que aplicava princípios de gestão ainda hoje considerados fundamentais. E faz um paralelo apropriado entre as ações de José e o PDCA, um dos pilares dos métodos modernos de gestão.

Mais à frente, a partir de uma detalhada análise, apresenta uma série de reflexões com base nas atividades de José ao longo de sua vida, em especial as que desenvolveu como Governador do Egito.

São notáveis as lições extraídas pelo autor, de forma simples e cativante, da vida desse grande homem bíblico.

Você se surpreenderá ao ler esta pequena pérola "pescada" pelo autor nas Sagradas Escrituras.

Carlos Bottrel

Introdução

O mundo sempre foi e será um ambiente competitivo. As dificuldades para superar desafios, as transformações que ocorrem ao longo do tempo e os ensinamentos adquiridos nos convidam a lançar grandes metas para o futuro. Este livro traz uma reflexão sobre como vencer essas barreiras, como enfrentar grandes problemas, mesmo quando temos tudo para desanimar e "jogar a toalha".

Os bons gerentes são valorizados pela capacidade de resolver grandes problemas. Transformar dificuldades em oportunidades de melhoria é uma arte que exige paciência e persistência. Nas palavras do Prof. José Martins de Godoy: "é preciso perseverar, acreditar que é possível obter resultados".

Para enfrentar e resolver problemas devemos ver, julgar e agir! Como dizia o grande estadista W. Churchill "ver com os próprios olhos, ir aonde as coisas acontecem". Muitos diretores e gerentes veem e julgam, mas contemporizam e não agem. A arte de agir exige grande sabedoria e notória competência.

Este livro começou a ser escrito em 2007 e chegou a ter uma edição impressa com pequena tiragem, sendo distribuído apenas para familiares e amigos, sem nenhum valor comercial.

Hoje, dez anos depois, retomo o desafio de lançar esse projeto com as atualizações e melhorias necessárias, que ficaram pendentes até então. Os conceitos de gestão evoluíram, muita coisa mudou nesse período, trabalhei muito, viajei, enfrentei grandes dificuldades e também evoluí como profissional e ser humano.

A história de José do Egito continuou me encantando, despertando grandes reflexões, levando-me sempre a fazer uma analogia com a minha profissão, a nossa atualidade e todas as dificuldades e desafios que enfrentamos como consultores, gestores e formadores de opinião.

O meu objetivo não é fazer uma análise histórica, mas utilizar a história de José do Egito, com todos os seus exemplos de trabalho, foco nos objetivos, metas bem traçadas e liderança, como ferramenta para aprimorar nossos conceitos, enxergarmos além do óbvio e reconhecermos ao longo de nossa jornada talentos como José, prontos a serem lapidados. E, antes de tudo, enxergarmos em nós mesmos a capacidade de promovermos grandes mudanças.

Encorajar os leitores a essas mudanças, às vezes tão necessárias, é o meu desejo.

Boa leitura!

Raimundo Godoy

2

A VIAGEM AO SUL

"Como sair daquela situação de ataques frontais? Esboçei rapidamente um plano e tão logo vi a necessidade de agir e buscar formas de resolver a situação. Pensei nas estratégias e chequei cada ponto, estava preparado para contornar aquele momento e evitar o conflito."

PROJETO DE CONSULTORIA

Eram meados de abril de 2003 quando saí com a minha equipe de consultores para mais um trabalho, dessa vez no sul do Brasil. Depois de horas de espera entre conexões em aeroportos e viagem de carro, chegamos à sede da empresa onde aconteceria uma reunião com cerca de quarenta executivos, diretoria, minha equipe e eu.

Essa viagem de trabalho era para discutir propostas de consultoria a um grupo que passava por problemas econômicos e contava com o nosso auxílio para mudar os rumos e buscar desenvolvimento e saúde financeira. Na noite anterior, chequei minunciosamente as apresentações que faríamos e me concentrei para o desafio de debater com nossos clientes os resultados da empresa. Coube a mim coordenar cada explanação, comentá-las e mediar as discussões. As reflexões daquela tarde serviriam como subsídio para a presidência da empresa pautar intervenções que ajudassem a nortear a conquista das metas estabelecidas. Tamanha responsabilidade pesava ainda mais o clima da jornada que estava por vir.

A reunião começou às treze e trinta em ponto. Todos os assentos da sala estavam ocupados e a tensão havia roubado qualquer indício de serenidade dos rostos ali presentes. Não era por menos, afinal os resultados da instituição estavam muito ruins e as apresentações que seguiriam tarde afora eram desanimadoras.

O gerente de qualidade abriu a reunião com uma série de advertências, era o prenúncio da tarde complicada que enfrentaríamos.

Na medida em que os slides eram apresentados, a situação piorava. Nesse momento, tive a ideia de sussurrar ao ouvido do presidente o pedido para que pronunciasse algumas palavras menos técnicas e mais motivadoras na tentativa de melhorar um pouco o clima caótico que havia se instalado na sala. A intervenção deu certo e o presidente da empresa foi brilhante na explanação, dizendo que tal reunião marcava o início de novos tempos, que os resultados não eram bons, mas que humildade e sabedoria levariam todos à conquista dos desafios apresentados.

A tarde seguiu, o clima melhorou, a tensão deu lugar à descontração, mesmo diante da iminente crise que discutíamos.

As apresentações seguintes não foram melhores que a primeira, mas todos já se sentiam mais à vontade para apontar os erros cometidos e contribuir de forma construtiva com a análise. A tarde foi produtiva e parecia ter dado o tom do que seriam os próximos dias de trabalho nessa empresa no sul do país. Mal sabia eu tudo o que ainda estava por vir!

Terminada a reunião com os diretores e gerentes, eu e minha equipe subimos para outra sala para analisar os trabalhos apresentados e arrematar os planos de ação que apresentaríamos na manhã do dia seguinte. Depois de discutirmos e montarmos nossa estratégia, a equipe foi liberada. Antes mesmo que eu me levantasse da cadeira, o telefone ao meu lado tocou. Era um convite da secretária da presidência da empresa para participar de uma reflexão bíblica. Ora, imagine então onde eu encontraria disposição para refletir trechos das escrituras a essa altura dos acontecimentos? Sem contar meu baixo índice de interesse pelo tema que certamente me deixaria, no mínimo, desconfortável diante do grupo ali presente. Não titubiei em agradecer, mas declinei do convite com o argumento de que estava exausto pelo dia corrido e a necessidade de concentração para a manhã do dia seguinte. Minutos depois, o telefone toca novamente e a secretária insiste, reiterando o convite com o argumento de que dessa vez falava em nome do presidente da empresa e que ele se sentiria muito satisfeito com minha presença.

Subi ao quarto andar, onde se encontravam o presidente, doze executivos da empresa e um homem desconhecido que aparentava ter sessenta e poucos anos.

Todas as cadeiras estavam dispostas em forma de um círculo e somente uma estava vazia. Era a minha. Pensei:

- Seria uma vingança em função da tarde conturbada?! Um motim?! A destituição sumária do consultor e de sua equipe?!

Olhei firmemente, olho no olho, para todos os presentes e comecei a girar meu PDCA.*

Como sair daquela situação de ataques frontais? Esbocei rapidamente um plano e logo vi a necessidade de agir e buscar formas de resolver a situação. Pensei nas estratégias e chequei cada ponto, estava preparado para contornar aquele momento e evitar o conflito.

* PDCA – é um método iterativo de gestão de quatro passos, utilizado para o controle e melhoria contínua de processos e produtos. É também conhecido como o círculo/ciclo/roda de Deming, ciclo de Shewhart, círculo/ciclo de controle, ou PDSA (plan-do-study-act) e será detalhado mais à frente. (Ver página – 42)

O presidente agradeceu a presença de todos, explicou em poucas palavras o momento que a empresa atravessava, fez uma breve menção da reunião ocorrida naquela tarde e explicou que gostaria de encerrar o dia de uma forma diferente. Entendia o cansaço e compromisso de todos, mas sentia a necessidade de criar um pensamento novo e imediatamente passou a palavra ao tal homem desconhecido que ali se encontrava.

Não pude disfarçar minha expressão de alívio, suspirei fundo e me descontraí. O convidado desconhecido distribuiu bíblias a todos ali presentes e pediu que esquecessem, por um breve momento, a formação religiosa de cada um, explicando que não se tratavam de crenças específicas e sim da reflexão sobre alguns ensinamentos bíblicos para enfrentarmos as turbulências do dia a dia. Ao longo de sua explanação, fomos levados a participar buscando passagens e referências citadas na bíblia que ele havia distribuído. O nosso convidado ponderou durante horas sobre a necessidade de enfrentar com determinação os desafios. Em várias passagens bíblicas ele mencionava exemplos de superação que serviam prontamente para a profunda reflexão de todos ali presentes.

Tamanha surpresa me causou comoção e foi ali, em uma inesperada reunião onde outrora havia sido persuadido a participar, que encontrei um dos maiores exemplos de liderança, gerência de conflitos e obtenção de resultados que já conheci: a incrível história de José do Egito.

3

A HISTÓRIA DE JOSÉ DO EGITO

"O Faraó continuou a revelar seus sonhos, mesmo sem acreditar que seria aquele jovem o responsável por aliviá-lo de seus tormentos: "contei tudo isto aos mágicos, mas foi em vão; nenhum deles pode explicar-me seus significados"."

CONECTANDO OS PONTOS

Concluídas as reuniões e apresentações de projetos aos empresários do Sul do Brasil, voltamos para nossa sede e comecei imediatamente a estudar a história de "José do Egito".

(Essa importante passagem encontra-se no primeiro livro da Bíblia Sagrada: o Gênesis. A palavra Gênesis significa "origem, princípio". Aproximadamente no século XVII a.C., a terra de Canaã era ocupada por diversas famílias, que viviam da agricultura e criação de rebanhos. Entre elas, existia também o pequeno clã dos israelitas, cuja história influenciou grande parte das culturas atuais).

Entre vários personagens importantes dessas famílias, encontramos a figura de um jovem a quem o destino guardava grandes desafios, contados até hoje em livros como este, documentários, séries, filmes e telenovelas em emissoras de TV*.

O GÊNESIS DESTA HISTÓRIA

Essa história se passa por volta de 1716 a.C. na região de Harã, na Mesopotâmia, local onde hoje estão a Síria e o Iraque. Uma mulher chamada Raquel, tida como estéril, e casada com um pastor de ovelhas que já estava na velhice, deu à luz um menino.

Era o décimo primeiro filho de Jacó. Raquel era a esposa mais amada e deu ao menino o nome de José. As circunstâncias em que nasceu e o fato de ser filho da mulher mais amada proporcionaram a José um tratamento diferente por parte do pai. Não demorou muito para que essa predileção começasse a despertar o ciúme dos outros filhos.

* Minissérie bíblica brasileira, produzida pela emissora de TV Rede Record em 2013.

À medida que o menino crescia, o sentimento dos outros irmãos se agravava mais.

Ainda na infância, o garoto manifestava o dom de interpretar os seus próprios sonhos e os de outras pessoas. Vale destacar que essa particularidade de José o ajudaria a mudar a sua vida e os rumos dessa história.

Em uma das passagens, José reúne os irmãos e conta que havia sonhado que eles juntavam feixes de trigo e que o seu feixe ficava de pé, enquanto os feixes dos irmãos se curvavam diante do seu. Os irmãos deduziram que ele insinuava ali que governaria sobre eles. A narração dessa passagem fez crescer ainda mais o ódio dos irmãos em relação a José.

A TRAIÇÃO DOS IRMÃOS

Diante das constantes revelações de sonhos em que José se apresentava soberano e o crescente sentimento de ciúmes, seus irmãos decidiram tramar contra sua vida. Eles acreditavam que somente assim conseguiriam por fim à ameaça que o irmão mais novo representava junto ao pai. Certo dia, quando saíram para apascentar o rebanho, Jacó pediu a José que fosse até os irmãos para saber se estavam bem e que voltasse com notícias deles ao pai. Ao avistar José ao longe, os irmãos se viram diante da possibilidade de executar o plano de tirar-lhe a vida. Movidos pela raiva, tramaram tudo.

"- Eis que chega o tal sonhador! Vinde, vamos matá-lo e jogá-lo em um poço qualquer.

- Diremos que um animal feroz o devorou. Veremos o que acontecerá com seus sonhos!"

Entretanto, um dos irmãos interveio, dizendo que não poderiam derramar sangue, cometendo um assassinato.

"- Vamos lançá-lo em uma cisterna no deserto, mas não levantemos a mão contra ele."

Valorize o fundo do poço.

Para sair você precisa de parceiros...

Com o consentimento de todos os irmãos, esperaram que José se aproximasse, tomaram suas vestes e o lançaram em uma cisterna profunda e vazia.

Parecia que estava tudo consumado, mas antes de partirem, os irmãos se depararam com uma caravana de mercadores que passava pela região e tiveram outra ideia. O plano dessa vez era resgatar o jovem José do poço em que o lançaram e oferecê-lo aos mercadores como escravo.

Com a concordância de todos, o venderam por vinte moedas de prata, apanharam a túnica que José usava, mancharam com sangue de um animal e entregaram ao pai sob argumento de que ele havia sido atacado por uma fera selvagem.

José foi levado pela caravana para o Egito e vendido como escravo para Putifar, oficial do Faraó e comandante da guarda real.

O ADMINISTRADOR DO COMANDANTE

Foi um início razoável para quem chegava na condição de escravo. O jovem morava na casa de seu senhor, que, reconhecendo sua capacidade, o instituiu como mordomo e administrador, confiando-lhe a gerência de seus bens, não mais se preocupando com coisa alguma.

Deus estava com José, e em tudo teve êxito. Ao longo do tempo, a relação de José com todos na casa se tornava cada vez mais próxima.

A SEGUNDA BARREIRA ENCONTRADA

Era notória sua capacidade de administrar conflitos e relacionamentos e isso acabou despertando os desejos de Sati, a esposa do comandante. José era também um jovem belo de porte e de rosto. Tal beleza chamou a atenção da esposa de seu senhor.

Certo dia, vendo chance de se aproximar, Sati lançou-lhe os olhos com o convite para que José se deitasse com ela. O calor do convite, a beleza da mulher do comandante e a instigante situação, ora ali apresentada, não foram suficientemente capazes de lhe roubar a razão.

- Meu senhor não se preocupa com coisa alguma em sua casa. Entregou em minhas mãos toda sua fortuna a ponto de sequer manifestar poder sobre ela. Nada aqui me é vedado senão tu, porque tu és sua mulher. Como poderia eu cometer tão grande mal?

Recuse a oferta do tirano.

Nem sempre o caminho mais fácil é o melhor...

TRABALHO + COMPETÊNCIA + HONESTIDADE

O sentimento de rejeição veio como veneno para Sati. Mais uma vez, o jovem José se via diante de uma trama contra ele.

Certo dia, enquanto tratava de alguns afazeres de rotina na casa, a mulher o abordou mais uma vez, o segurando pelo manto. A resposta para a situação veio de forma explosiva e, diante daquela medida invasiva, José correu. Deixou o manto nas mãos da mulher e fugiu daquela situação que o consternava. Era a prova que ela precisava para executar sua vingança pela rejeição.

- Vede! Trouxeram-nos este hebreu para a casa a fim de que ele abusasse de nós. Este homem veio me procurar para dormir comigo, mas eu gritei. Vendo que eu me punha a gritar, deixou seu manto ao meu lado e fugiu.

A história contada a todos presentes na ocasião foi sustentada a Putifar ao chegar em casa. Tomado pela cólera, o comandante ordenou que levassem José para a prisão.

O ADMINISTRADOR DA PRISÃO

A falsa denúncia de Sati, esposa de Putifar, havia rendido muito sofrimento a José. Na prisão, além de ser frequentemente ferido pelos guardas, o jovem hebreu também sofria provações por parte dos companheiros de cela. Foram anos de sofrimento até ganhar a simpatia de todos.

Vendo-se numa condição desfavorável, José analisava o momento em que estava sem se esquecer do seu maior objetivo: sair dali. José ainda não tinha em mente a escolha dos métodos para tal fim, mas questionava com frequência, sempre que fazia suas orações, o porquê de se encontrar naquela circunstância.

A hostilidade do momento não derrotou o jovem hebreu, que tratou de buscar meios e possibilidades de reverter o quadro.

Adapte-se ao momento e ao local.

1º - Aceitação
2º - Repostas rápidas
3º - Não ficar justificando

Durante uma tentativa de fuga da prisão, José decidiu trocar a situação de clandestinidade gerada pela escapada com os outros presos, pela retidão na postura. Ele queria sair daquela condição, mas da forma correta e foi ali que decidiu agir. José não trabalhou para impedir os fugitivos, mas tratou de ajudar a salvar a vida do carcereiro, que havia sido ferido durante a confusão. Tal ação demonstrou nobreza de atitude e lhe rendeu a confiança daquele que outrora era seu algoz. O resultado foi surpreendente.

Mesmo estando preso, José se tornou responsável pelo calabouço. O chefe da prisão não fiscalizava nada do que fazia o jovem hebreu. José havia se tornado naquele momento o Administrador da Prisão.

Nas condições em que se encontrava, o jovem hebreu havia construído mais uma vez uma base de **relacionamento** sólido com o carcereiro e os outros presos. Como bom administrador que era, começou a conhecer mais de cada ponto daquela realidade no calabouço e, checando minuciosamente os detalhes, descobriu a história e aflição de dois personagens que também contribuiriam para mudar a sua vida: o copeiro e o padeiro.

OS SONHOS DO FARAÓ

O copeiro-mor exercia um cargo de alta confiança do Faraó. Ele era responsável pela segurança de tudo que o soberano comia e bebia. Já o padeiro-chefe era o responsável pela preparação dos pratos. A bíblia não trata de forma clara as ações que levaram os dois para a prisão. A interpretação é de que o Faraó teria sofrido uma indigestão por conta de comida estragada preparada pelo padeiro-chefe e servida pelo copeiro-mor. Passado algum tempo, José encontrou os dois na prisão numa condição de desespero. A dupla era acometida por repetidos sonhos que não conseguiam interpretar. O copeiro-mor havia sonhado que estava diante de uma videira e que nasciam três cachos de uva e que ele espremia os três cachos em uma taça e servia o Faraó. Já o padeiro-chefe havia sonhado que levava três cestos sobre a cabeça e que neles havia a comida do Faraó, mas que aves devoravam a comida dos cestos.

A interpretação de José para os dois sonhos era de que, em três dias, o Rei do Egito determinaria a morte do padeiro-chefe, o qual havia sonhado com os cestos de comida, e salvaria o copeiro-mor, que havia sonhado com as uvas, dando-lhe a oportunidade de voltar a servir o seu senhor.

Os sonhos se realizaram e o copeiro-mor voltou a servir o Faraó e levou consigo o pedido de José para que se lembrasse dele quando estivesse em liberdade.

Passaram-se dois anos desde que José havia interpretado os sonhos dos oficiais de serviço e de cozinha do imperador do Egito e nada havia acontecido na carceragem.

No palácio, o Faraó vinha sendo surpreendido com repetidos sonhos que o angustiavam.

No primeiro sonho, o Rei do Egito estava às margens do Rio Nilo, de onde saíam sete vacas belas e gordas. Na sequência, saiam do mesmo rio sete outras vacas, feias e magras, as quais devoravam as vacas gordas.

No segundo sonho, por sua vez, o Faraó enxergava um campo de trigo onde nasciam, de uma mesma haste, sete espigas bonitas e saudáveis. Entretanto, na sequência, nasciam sete espigas secas e feias, as quais devoravam as outras sete belas e vistosas.

Aceite as incertezas.

O mercado é um conjunto de incertezas!

Segundo a história, o povo egípcio era muito supersticioso e os sonhos eram vistos como presságios. Preocupado com aquela situação, o Faraó mandou convocar todos os sábios, mágicos, adivinhas e sacerdotes do Egito, com o pedido de que interpretassem os sonhos que o angustiavam. No entanto, ninguém conseguiu dar sequer uma explicação de forma convincente.

No auge da inquietude do Faraó, o copeiro-mor se aproximou e decidiu contar o que acontecera com ele e o padeiro-chefe na prisão.

O rapaz contou sobre um certo hebreu, escravo do chefe da guarda e que também estava preso, que havia conseguido interpretar os sonhos dos dois, os quais se cumpriram exatamente conforme a previsão.

Receba as dificuldades como oportunidades.

JOSÉ SE APRESENTA AO FARAÓ

Admirado com a riqueza de detalhes narrada pelo copeiro, o Faraó ordenou que buscassem o interpretador de sonhos. José foi imediatamente tirado do cárcere, mas, antes disso, ele barbeou-se, trocou de roupas e se preparou para o encontro com o Faraó.

O Faraó, buscando a interpretação dos seus sonhos, revelou-os ao jovem José: "Tive um sonho, mas ninguém foi capaz de explicá-lo. Ouvi dizer que basta contar-te um sonho para que tu o interpretes." A fama de José já estava se espalhando pela região.

O Faraó continuou a revelar seus sonhos, mesmo sem acreditar que seria aquele jovem o responsável por aliviá-lo de seus tormentos: "contei tudo isto aos mágicos, mas foi em vão; nenhum deles pôde explicar-me seus significados".

Diante do que fora apresentado, José não se intimidou com o fracasso daqueles que já haviam tentado. Não hesitou em interpretar os sonhos e decifrar o que incomodava o Faraó.

Depois de ouvir em detalhes a narração de cada sonho, José foi contundente na interpretação:

- O duplo sonho reduz-se a um só. Deus revelou ao Faraó o que ele vai fazer.

- As sete belas vacas são sete anos e as sete belas espigas, igualmente, sete anos; o sonho é um só.

- As sete vacas magras e feias que saíram em seguida são também sete anos e as sete espigas vazias e queimadas pelo vento do oriente serão sete anos de miséria.

- Haverá sete anos de grande abundância para todo o Egito. Em seguida, virão sete anos de miséria que farão esquecer toda a abundância.

JOSÉ PROPÕE SOLUÇÕES

Estabeleça limites.

- O máximo que sua equipe pode dar
- O mínimo que se espera dela

A interpretação de José veio seguida de uma série de soluções apresentadas, o que demostra mais uma vez a capacidade administrativa do jovem hebreu. A fome que devastaria todo o país só poderia ser evitada com planejamento e gestão. José sugeriu a criação de uma equipe de gestores que ajudassem no recolhimento de impostos, cuidassem do armazenamento de estoques e planejassem o crescimento econômico do Egito nos sete anos de abundância.

- Agora, pois, que o rei escolha um homem sábio e prudente e coloque-o à frente do país.

- Nomeie também administradores espalhados pelo território, para que, durante os sete anos bons, recolham a quinta parte das colheitas do Egito. Eles ajuntarão todos os produtos destes anos de fartura e armazenarão o trigo nas cidades, à disposição do Faraó como provisões a conservar.

- Estes mantimentos formarão para o país uma reserva em face da previsão dos sete anos de fome que virão em seguida e assolarão o Egito.

Admirado por tamanha sabedoria, o Faraó toma uma decisão inesperada e convida José a se tornar o Governador do Egito e comandar todo o planejamento para o período que estava por vir.

- Tu mesmo serás posto à frente de toda a minha casa, e todo o meu povo obedecerá à tua palavra: só o trono me fará maior do que tu.

E, assim, o Faraó tirou o anel de sua mão e o pôs em José. Em seguida, o fez vestir vestes de linho fino e meteu-lhe ao pescoço um colar de ouro. O jovem hebreu, antes jogado ao poço profundo, vendido como escravo, tomado como criminoso, preso e injustiçado, passou a ser o segundo homem mais poderoso dali. Tornou-se o Governador do Egito.

O PLANO É EXECUTADO

Por sete anos, as terras e águas do Egito foram generosas com o povo. As criações prosperavam e tudo que se plantava não tardava em render boas colheitas. Nesse tempo, José percorreu todo o território para entender cada processo e montou reservas para que servissem de contingência nos anos de restrições que viriam.

Foram preparadas provisões em todo alto e baixo Egito. Entretanto, toda prosperidade vivida na primeira fase da previsão do sonho do Faraó deu lugar à fome e à seca que vieram avassaladoras com a chegada dos sete anos seguintes.

A população passou a ser acometida por graves restrições e o Egito só não experimentou a miséria graças aos estoques que haviam sido feitos.

Cumpria-se ali a interpretação de José e os presságios do sonho do Rei. Diante das tentativas fracassadas na agricultura e criação de rebanhos, quem tinha estoques possuía mais possibilidades de suprir o momento de crise. O administrador do Egito viu ali oportunidade de negócios. Caravanas de todas as partes visitavam o país na esperança de promover negociações em troca de alimentos.

Como José comandava o maior estoque de alimentos daquela região, também se tornou o detentor da maior riqueza do lugar.

A PRÁTICA DO PERDÃO

Os dois primeiros anos do período de seca e fome que castigavam o Egito foram suficientemente capazes de levar a população vizinha ao desespero e tornar o reinado do Faraó o mais forte, mais rico e poderoso de toda a região.

Caravanas formadas por povos de todas as partes chegavam o tempo todo com pedidos de socorro e tentativas de negociações para conseguirem alimentos. Entre as centenas de visitas que José recebia, uma em especial selaria essa história.

No entanto, antes de chegarmos ao incrível desfecho dessa trama, proponho que façamos uma breve retrospectiva de todos os pontos importantes da saga de nosso personagem.

Em Canaã, um homem na plenitude de sua velhice descobre que sua esposa mais amada, porém tida como estéril, dá à luz um filho. A criança recebe o nome de José e cresce entre os outros nove irmãos trabalhando no campo e no pastoreio. Ainda na infância, José começa a manifestar o dom de interpretar sonhos e, em alguns, faz previsões nas quais ele apareceria soberano diante dos irmãos. O ciúme e a ira levam os outros irmãos a atentarem contra sua vida. Arrependidos, o resgatam do fundo do poço onde o jogaram e o vendem como escravo para um mercador. Conduzido pelo mercador ao Egito, José é vendido como escravo para o comandante da guarda real. O jovem consegue ganhar a simpatia de seu senhor e é elevado à condição de gestor da casa. Dessa vez, torna-se vítima das insídias da esposa do comandante, que, não aceitando a renúncia do convite para que se deitassem, faz uma falsa acusação de que ele a havia assediado. José é jogado à masmorra, onde fica preso por mais de dois anos. José já tinha trinta e poucos anos quando foi levado ao Faraó.

Durante o período em que governou o Egito, cresceu em experiência e poder. As relações com os povos vizinhos que o procuravam com pedidos de ajuda também fizeram dele um homem muito conhecido naquela região.

Vamos ao desfecho...

Foi durante uma dessas visitas para pedir ajuda que José foi chamado a conversar com um grupo formado por dez pastores que viajavam há dias e vinham da região de Canaã.

O Governador do Egito estava ali, muitos anos depois, frente a frente, nada mais nada menos, com os seus irmãos. No primeiro momento, José se comportou friamente tratando da formalidade da ação. Sabendo que não havia sido reconhecido pelos irmãos, o jovem hebreu não revelou sua verdadeira identidade. José, então, ordenou que voltassem à Canaã com os cereais comprados e que, posteriormente, retornassem ao Egito trazendo o irmão mais novo. Para provarem que não eram espiões, José ordenou que um deles ficasse preso até a volta dos outros nove e do caçula.

Voltando ao Egito, os nove irmãos e o caçula se apresentaram a José novamente e, sem entender direito, foram convidados a jantar com o governador do Egito. Os onze irmãos receberam provisões para a volta e carregamentos de cereais. Entretanto, em um dos sacos de mantimentos, José ordenou que um servo escondesse uma taça de prata. No caminho de volta, os soldados interceptaram a comitiva formada pelos irmãos e os acusaram de roubo. Ao revistarem, descobriram a taça em um dos sacos de cerais levados por Benjamim, o irmão mais novo de José. Todos foram presos e levados ao governador do Egito. Diante de José, todos os irmãos se curvaram e clamaram por clemência, jurando a inocência do irmão mais novo naquele mal entendido.

Nesse momento, o sonho de José quando ele ainda era criança, referente aos 11 feixes de trigo que se curvavam sobre o seu feixe de trigo, se concretizou.

Diga sempre a verdade.

Não deixe faturas abertas

Diante do ocorrido, José não suportou a emoção e revelou sua identidade dizendo ser ele o irmão que fora vendido como escravo, injustiçado na casa de seu senhor, hostilizado na prisão e, posteriormente, elevado ao segundo cargo mais alto do Egito.

Dentre todos os ensinamentos que a história de José do Egito nos concede, esse está entre os mais importantes. José tinha todos os elementos em mãos para se vingar. Entretanto, escolheu o caminho do entendimento, da compreensão.

- Agora, pois, não fiquem tristes, nem aborrecidos por terem me vendido para cá; porque foi para preservar nossas vidas é que tudo isso aconteceu.

A emoção do momento envolveu todos ali presentes. Os doze irmãos reunidos trocaram abraços e pedidos de desculpas. José foi ao Faraó e fez o pedido para que trouxesse sua família para o Egito.

Os onze irmãos voltaram para Canaã para buscar o restante da família de José. Seu pai, Jacó, foi para o Egito e todos receberam do Faraó algumas das melhores terras para plantar e criar seus rebanhos. A família de Jacó viveu no Egito por 400 anos.

Mais uma vez, vimos nesse desfecho que situações adversas, quando encaradas com coragem, ética e perseverança, servem para nos fortalecer e nos levar para novos patamares de resultado. Aproveite os cenários de crise para fortalecer as bases e consolidar a excelência.

Todo problema esconde grandes oportunidades!

4

O MÉTODO DE JOSÉ

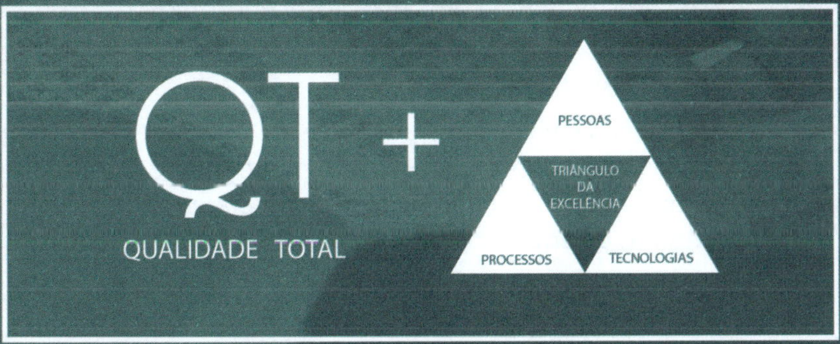

O QUE APRENDEMOS COM ESTA HISTÓRIA

A história de José nos apresenta hoje uma série de ensinamentos de como sempre fazer a diferença. É preciso ter uma ambição para querer melhorar, e só conseguimos isso seguindo bons exemplos e cultivando alguns pontos essenciais:

- *Um espírito rico com uma vida simples, hábitos humildes.*
- *Um modelo mental voltado para o futuro.*
- *Uma busca da melhoria contínua e do crescimento.*

Faremos agora um paralelo entre o passado e o presente. Entre o arcaico e o moderno, entre a fé e a gestão. Vocês verão que conceitos atuais se encaixam perfeitamente nas estratégias adotadas por José em sua trajetória de sucesso.

Devemos analisar os fatos com atenção e traduzi-los para os dias atuais, de forma a absorver ao máximo o conhecimento gerencial envolvido nessa bela história.

Diante dos desafios encontrados, José mostrava sempre uma grande fé de que seria capaz de superá-los. Isso é muito bonito. Sentimo-nos motivados, com força para lutar. Tal fé tem fascinado diversos leitores durante centenas de anos.

Entretanto, aprofundando-nos nesta leitura, percebemos que a fé não foi o único fator para a concretização dos sonhos.

Diariamente, encontramos pessoas com essa fé, coragem e certeza, mas percebemos que só isso não basta! Diretores, gerentes, líderes que apresentam uma grande disposição para alavancar os resultados, mas não conseguem traduzir essas emoções em atos.

Qual é o diferencial de José? Aquilo que o fez sair da condição de escravo ao ponto mais alto do império egípcio?

José sempre se valia de um forte método e uma visão de futuro para enfrentar e superar os desafios. Ainda que de forma rudimentar, podemos dizer que os pilares de trabalhar com **pessoas, processos e tecnologia,** fundamentados pelos conceitos da **qualidade total**, eram aplicados por ele no intuito de dar uma resposta aos problemas que surgiam à sua volta.

Para exemplificar essa afirmativa, vamos analisar, do ponto de vista metodológico e de maneira ilustrativa (sem nos prendermos à exata realidade dos fatos), a principal questão respondida por José: os sonhos do Faraó. Tal exemplo tem como objetivo auxiliá-lo na resolução de seus problemas e no cumprimento de suas metas.

Convém relembrar, também, que o intuito deste livro não é ensinar profundamente a metodologia, mas dar uma visão básica de sua aplicação, que motive a busca do conhecimento.

Durante a leitura deste livro, procure refletir sobre os seus desafios atuais e estabeleça objetivos claros (fins) a serem alcançados. Os exemplos e ferramentas (meios) que serão demonstrados irão guiar seus passos por um caminho seguro.

O MÉTODO PDCA

Criado por Walter A. Shewhart e disseminado por W. Edwards Deming, o ciclo PDCA foi introduzido no Japão após a segunda guerra mundial. O objetivo principal era tornar mais claros os processos envolvidos na gestão, dividindo-os em quatro fases básicas: P (Plan) Planejamento - D (Do) Execução - C (Check) Verificação - A (Act) Ação Corretiva.

Esse modelo mental, que vem transformando os resultados de muitas organizações em todo o mundo, está em constante aprimoramento. Abaixo apresentamos um modelo de ciclo estruturado em doze passos, conforme ilustração:

A utilização desse ciclo é a base do método de análise e solução de problemas (MASP), o qual permite, de maneira científica e efetiva, capacitar as pessoas envolvidas a resolver os problemas específicos de sua responsabilidade. Mas, para isso, é necessário que ele seja dominado por toda a empresa.

O EXEMPLO DE JOSÉ

O PDCA é um método natural. Um dos fatores que diferenciam o homem de um animal é a sua capacidade de planejar, executar, verificar suas ações e agir corretivamente. Dia e noite, intuitivamente, utilizamos tal método, mesmo sem conhecê-lo a fundo.

O sucesso do PDCA está intimamente ligado à disciplina, empenho e prática que temos em sua aplicação. E toda sua profundidade está na sua simplicidade, que garante os bons resultados no gerenciamento, conforme veremos por meio da adaptação do método para a história de José do Egito.

A seguir nos aprofundaremos um pouco mais na metodologia do PDCA e veremos como José a aplicou séculos atrás.

1° PASSO

LOCALIZAR OPORTUNIDADES

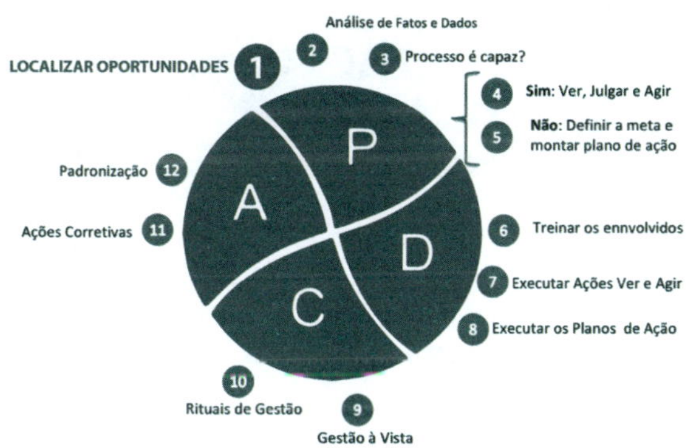

O primeiro passo em qualquer planejamento é identificar oportunidades de melhoria. Essas oportunidades podem ser representadas por situações indesejáveis (problemas) ou resultados ainda não alcançados. É imprescindível ter sempre bem definido o que precisa ser melhorado e corrigido nas nossas vidas e empresas. Sem isso, todo o restante da metodologia fica prejudicado.

Somente com uma oportunidade bem definida é que se deve partir para uma análise detalhada de como alcançar seus objetivos.

É muito comum observarmos metas definidas sem um foco de atuação identificado. Isso ocorre porque muitas vezes saber onde atacar é muito difícil. No entanto, definir metas sem termos em mente o que pretendemos alcançar dificulta a proposição de ações para atingi-las.

José, a partir da situação prevista (sete anos de fartura e sete anos de fome), soube identificar prontamente a real oportunidade futura, ou seja, estocar alimentos para os sete anos de forme e, com isso, estabelecer uma meta, buscando solucioná-la.

José identificou oportunidades ao interpretar o sonho do faraó e vislumbrar a necessidade de se produzir e armazenar alimentos durante 7 anos de vacas gordas.

Uma oportunidade pode ser entendida como a distância de onde estou para aonde quero chegar. É o resultado desejado de um projeto.

Em todos os passos do PDCA que veremos daqui por diante, colocaremos alguns pontos para análise. Procure refletir profundamente sobre eles, pensando sempre no ambiente da sua empresa.

PONTOS PARA REFLEXÃO:

• Onde estão as minhas oportunidades?

• Qual o meu real problema hoje?

• Estão no mercado em que eu atuo?

• Estão na minha produção?

• Estão na minha geração de caixa?

• Estão nos meus gastos e despesas?

• Estão onde eu aplico os meus recursos?

• Meus concorrentes têm um desempenho melhor do que o meu?

• É possível quantificar?

• No passado os meus resultados eram melhores do que hoje?

• Quais indicadores eu preciso gerenciar?

• Qual a lacuna existente (quantificar) entre o meu resultado hoje e o resultado que eu desejo alcançar?

• Estou focado na minha oportunidade? Estou trabalhando nos fins (resultados) ou nos meios (processos)?

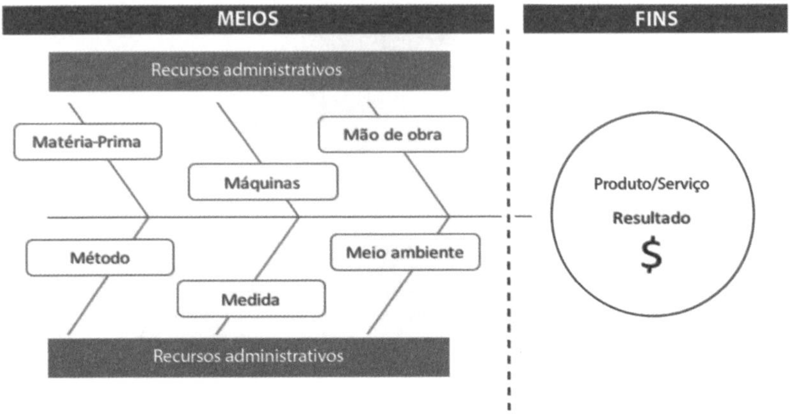

SABER APROVEITAR AS OPORTUNIDADES:

Para ilustrar um pouco esse tema e trazê-lo à luz dos dias de hoje, vale destacar uma máxima existente no mercado financeiro conhecida como: mercado do touro e do urso. Essa metáfora demonstra de maneira clara que vivemos constantemente com os mesmos desafios e oportunidades enfrentadas por José na sua história.

O touro ataca os inimigos chifrando-os de baixo para cima. Simboliza o otimismo dos mercados, a expectativa das ações em alta, também conhecido como ***Bull Market***. Na história de José, podemos associar com os anos de vacas gordas, ou seja, oportunidades para aqueles que vendem.

O urso, quando quer atingir os inimigos, move as pesadas patas de cima para baixo. É a metáfora dos mercados em baixa, crises, valores que se desmancham no ar, também conhecido como ***Bear Market*** ou momento de oportunidade para quem, no período do touro ou vacas gordas, poupou recursos e ativos e agora pode tirar proveito disso.

No mundo real é assim: Momento da oferta e momento da demanda. Quando o mercado está bom, nem todos ganham. Quando o mercado está ruim, nem todos perdem.

No caminho inverso também podemos tirar proveito. Os momentos de reflexão, como os das Vacas Magras e de mercados do urso, são propícios para repensar os nossos negócios, buscar vantagens competitivas, adquirir novos conhecimentos, investir em novas tecnologias, formar e treinar nossas equipes.

2º PASSO
ANÁLISE DE FATOS E DADOS

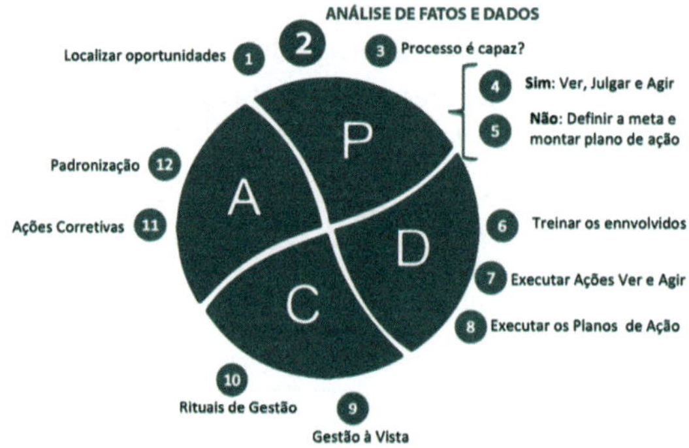

Identificada uma oportunidade, é necessário entender a fundo os fatores relacionados a ela. Uma oportunidade só pode ser alcançada se conhecemos todas as suas características, de forma a dividi-la em partes menores, a fim de priorizar o que é crítico e mais importante.

Fazemos isso por meio da análise dos fatos e dos dados.

Com essa análise é possível entender de forma clara todos os fatores influenciadores dos objetivos que precisamos alcançar.

José sabia que iriam faltar mantimentos nos anos de escassez e, para enfrentar esse problema, definiu como oportunidade, por exemplo, garantir a produção e o abastecimento de 1500 silos no primeiro ano de vacas gordas.

Mas como fazer isso sem conhecer as reservas de alimento do Egito?

Muito embora não existam registros históricos dos dados que José levantou, ele, provavelmente, fez-se algumas perguntas, levantou alguns fatos e dados e chegou a conclusões.

José fez sua análise de fatos e dados ao identificar claramente como e onde conseguir produzir e armazenar comida suficiente para os 7 anos de vacas magras.

O produto dessa fase são as oportunidades priorizadas. Essa priorização pode ocorrer por meio de diversos instrumentos, como, por exemplo, a estratificação, o diagrama de árvore e a análise de passagem.

Quanto mais tempo você gastar para realizar a análise de fatos e dados, mais fácil será capturar a oportunidade identificada.

- Qual o estoque atual?
- Qual o consumo anual?
- Qual a capacidade de produção?
- Qual a capacidade de estocagem?
- Quanto tempo de fartura e de escassez?

Virão sete anos de fome e o estoque existente não é suficiente

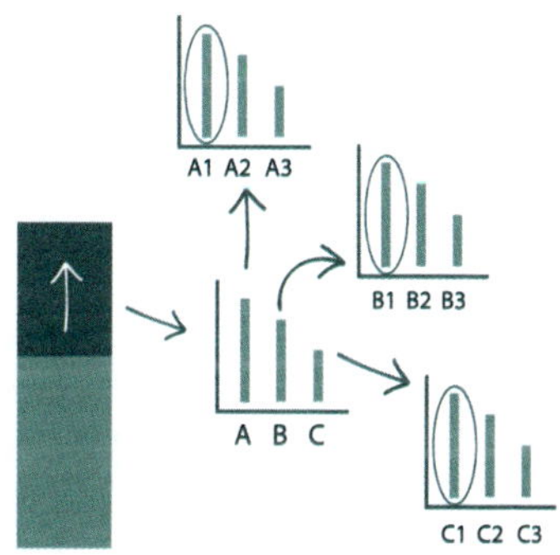

Análise de Pareto

PONTOS PARA REFLEXÃO:

- Quais são as características da minha oportunidade?
- Quais fatos e dados tenho para analisar a minha situação?
- Quais informações eu terei que coletar?
- Onde? Quem? Como? Quando? Qual a relação entre eles?
- O que os dados me dizem a partir de suas variações e tendências?
- Quais os aspectos mais importantes a serem considerados?

3º PASSO
O PROCESSO É CAPAZ?

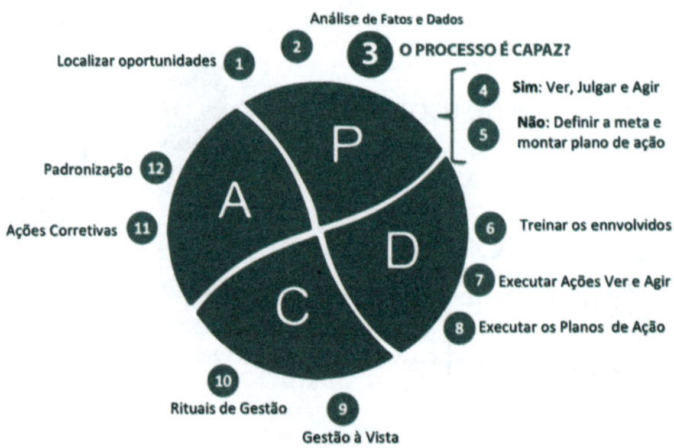

Uma vez que se conhecem bem as características da nossa oportunidade ou problema a ser atacado, precisamos fazer uma avaliação muito importante:

Com todas as informações obtidas na análise dos fatos e dos dados eu consigo capturar a minha oportunidade ou resolver o meu problema?

Essa análise é feita com base nas seguintes perguntas:

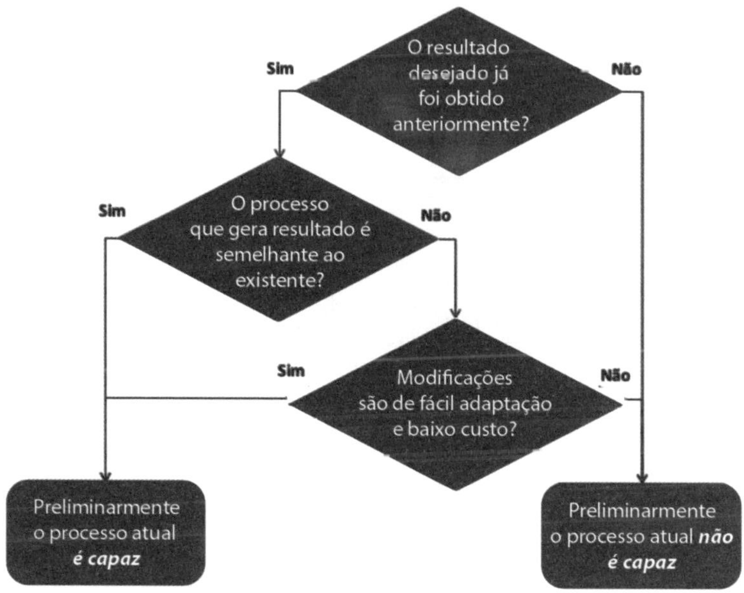

No caso do sonho do Faraó, interpretado por José, a mobilização para produção e armazenagem de alimentos, durante um período de 7 anos consecutivos, até então nunca havia sido realizada. Dessa forma, com os recursos disponíveis, identificou-se que o processo atual não era capaz. Um projeto de tal magnitude necessitava de novos conhecimentos e um plano bem elaborado para sua execução.

Começava ali o grande projeto do Egito.

PONTOS PARA REFLEXÃO:

• Somente com ações ver e agir conseguimos capturar nossa oportunidade?

• No passado já realizamos tal feito?

• Nossa equipe está preparada para alcançar este resultado?

4º PASSO
VER JULGAR E AGIR

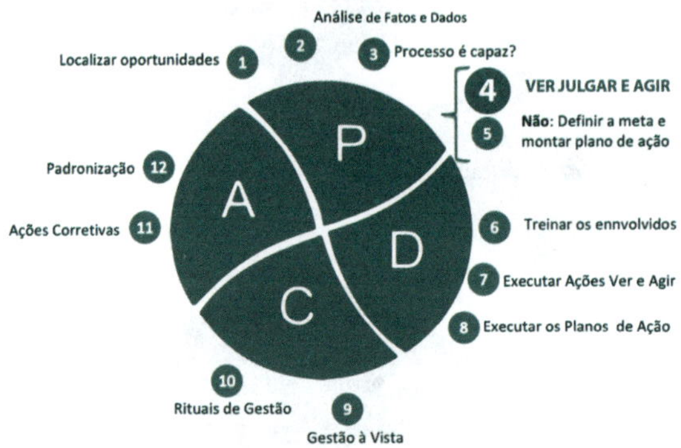

A etapa "Ver, Julgar e Agir" está relacionada com a capacidade de executar ações fáceis de realizar e com alto impacto sobre os resultados. São ações imediatas que não necessitam de análises e planos longos e elaborados para serem implementadas.

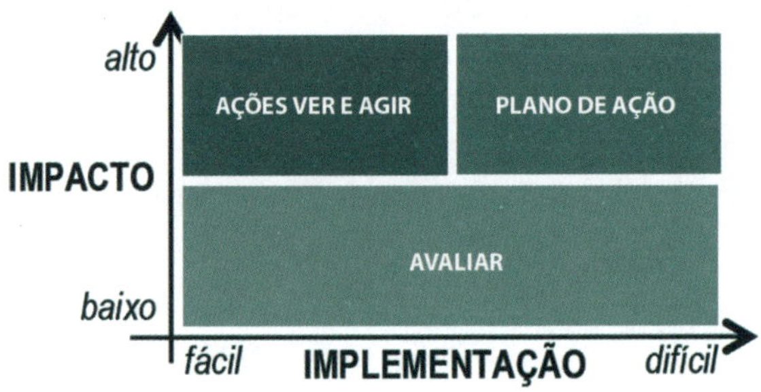

O método VER-E-AGIR, aqui representado nesta obra como VER-JULGAR-E-AGIR, é uma expressão reconhecida formalmente pela igreja por meio do Papa João XXIII, em 1961, na sua encíclica *Mater et Magistra*. A encíclica observava que, "para levar a realizações concretas os princípios e as diretrizes sociais, passa-se ordinariamente por três fases" (n. 235).

• *Primeiro, o "estudo da situação" concreta, escreveu o Papa João XXIII.*

• *Em segundo lugar, a "apreciação dela à luz desses princípios e diretrizes".*

• *Em terceiro, o "exame e determinação do que se pode e deve fazer para aplicar os princípios e as diretrizes à prática".*

Devemos sempre começar por esse caminho, pois a partir das ações Ver e Agir já é possível iniciar a obtenção dos primeiros resultados.

José, na nossa análise, implementou pelo menos duas ações Ver e Agir em seu projeto de 7 anos de vacas gordas. Foram elas:

• Decretou que, a partir daquele momento, a 5ª parte das colheitas do Egito seriam recolhidas e armazenadas para fins de provisão para os anos de vacas magras.

• Nomeou administradores espalhados pelo território, para que recolhessem a 5ª parte das colheitas do Egito durante os 7 anos de vacas gordas.

Veja com os próprios olhos e faça o que tem de ser feito.

Não protele, não adie, não delegue responsabilidade.

PONTOS PARA REFLEXÃO:

• Sabemos distinguir uma ação ver e agir de uma ação de longo prazo?

• Medimos o impacto no resultado e a facilidade de implementação das nossas ações?

5º PASSO
DEFINIR A META E MONTAR O PLANO DE AÇÃO

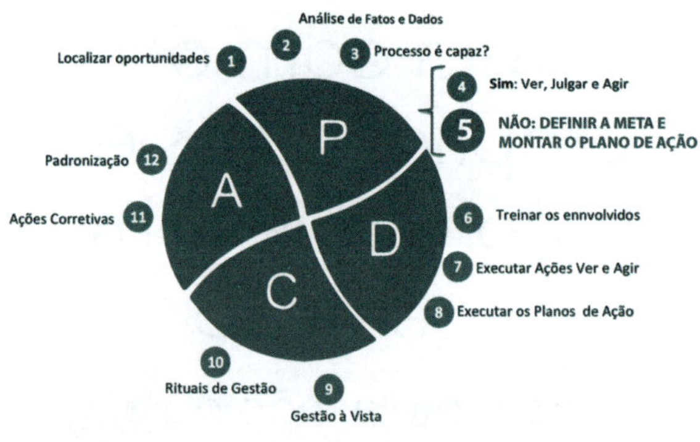

Uma vez que se conhece a oportunidade e sabemos onde priorizar, chega o momento de definir as metas e planos de ação para alcançá-las.

Lembrando que a gestão deve ter foco nos resultados (FINS), isso significa que o "aonde queremos chegar" deve ser traduzido para uma meta geral, focada em resultado e depois desdobrada em metas específicas para os processos (MEIOS).

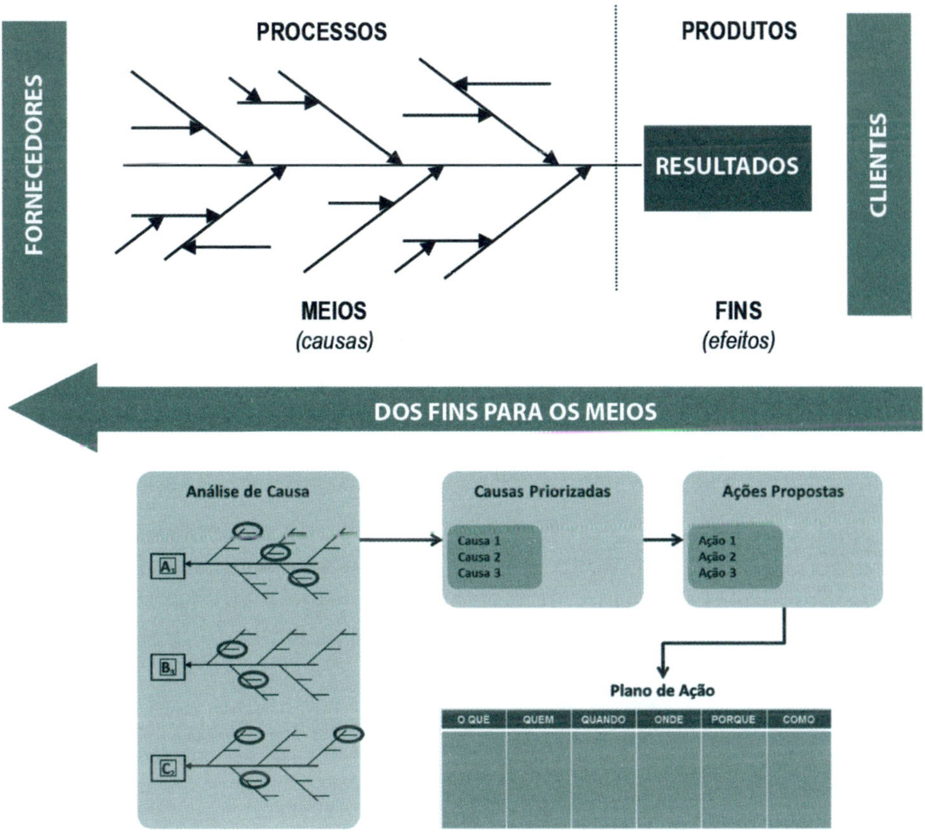

Após definir as metas, o próximo passo será identificar as principais causas que impedem o nosso resultado e, consequentemente, as ações para bloqueá-las.

Para definir as ações, devemos realizar uma análise do processo por meio de uma verificação minuciosa de causas. Para isso, a melhor forma é o método dos "por quês". Esse é um método muito simples que ajuda enormemente a encontrar as reais causas de um problema.

Uma boa técnica para levantar possíveis causas para um problema é realizar uma reunião denominada *brainstorming* (Tempestade de Ideias). Nessa sessão, todos os envolvidos são convidados a opinar, de forma livre e aberta, sobre quais são as possíveis causas para o nosso problema.

Com as causas identificadas, procure ordená-las em um diagrama que forneça a ideia de sequência das repostas dadas. A forma mais adequada de dispô-las é o Diagrama de Ishikawa, mostrado abaixo:

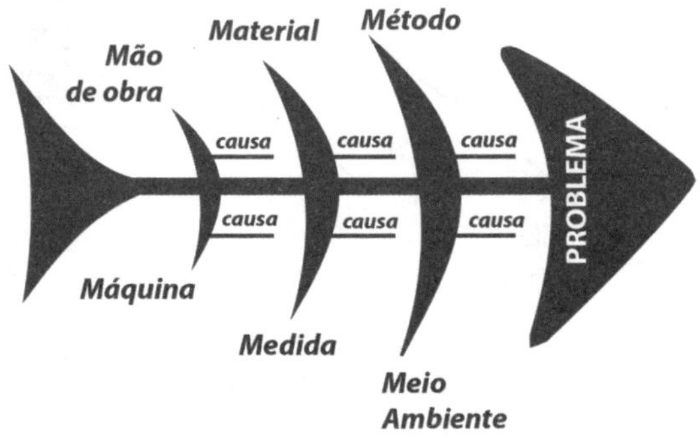

José, para resolver o problema da escassez de alimentos, precisou entender por que o Egito iria passar por essa dificuldade. Para isso, provavelmente perguntou aos administradores do Faraó o que impedia o Egito de aumentar sua produção de alimentos e armazená-los por 7 anos.

Certamente as respostas foram: poucas áreas de cultivo, cultivo inadequado, sementes não selecionadas, falta de acompanhamento das lavouras e ausência de silos.

PONTOS PARA REFLEXÃO:

- Quais são as causas fundamentais do problema?
- Por quê? Por quê? Por quê? Por quê? Por quê?
- As causas foram priorizadas?
- Quais ferramentas estatísticas tenho utilizado para análise?

Com as causas identificadas, é necessário definir um plano de ação baseado nessas causas.

Conhecendo o que impedia o Egito de aumentar suas reservas de alimento, José definiu ações e responsáveis para atacar cada uma dessas causas.

Obviamente, José não elaborou um plano de ação conforme conhecemos hoje, mas se o fizesse, provavelmente seria parecido com o plano a seguir:

PLANO DE AÇÃO					
Meta: Garantir a produção e o armazenamento de alimentos num total de 1500 silos no primeiro ano de vacas gordas					
Responsável: José					
Local: Egito					
O QUE	**QUEM**	**QUANDO**	**ONDE**	**PORQUE**	**COMO**
Abrir novas áreas para cultivo de trigo	Pedro	1º ano	Margens do Rio Nilo	Aumentar a capacidade de produção	Abrindo frentes de trabalho com centenas de homens
Selecionar as melhores sementes do Egito para cultivo	Paulo	1º ano	Áreas atuais de produção	Garantir qualidade nas próximas safras	Designando uma equipe treinada para escolher e tratar essas sementes
Construção de novos silos	Antônio	1º ano	Egito	Garantir a estocagem dos grãos	Elaborando projeto unificado dos silos e estabelecendo equipes para construção
Controlar a distribuição e estoques de alimentos	Mateus	1º ano	Egito	Evitar excesso de consumo desnecessário	Criando regras e procedimentos de distribuição

Logo, para se ter um bom plano de ação, alguns pontos devem ser observados:

• Ações suficientes para garantir que a meta seja atingida e para evitar que os desvios reapareçam no futuro;

• Somente um responsável nomeado para cada ação, ciente de sua responsabilidade;

• Nome do responsável definido, não sua função, setor, departamento, etc;

• Prazo definido para cada ação: dia, mês e ano.

O Plano de Ação é o produto final da fase de Planejamento. É ele que guia todos os passos a serem seguidos daí em diante. Assim, é necessário definir um plano de ação para cada meta definida.

PONTOS PARA REFLEXÃO:

• Você tem um bom plano de ação definido para cada meta?

• As ações são suficientes para garantir o resultado?

• Cada ação apresenta um responsável (nome) e uma data (dia, mês e ano) definidos?

• As ações mais complexas foram desdobradas? As ações foram priorizadas?

6º PASSO
TREINAR OS ENVOLVIDOS

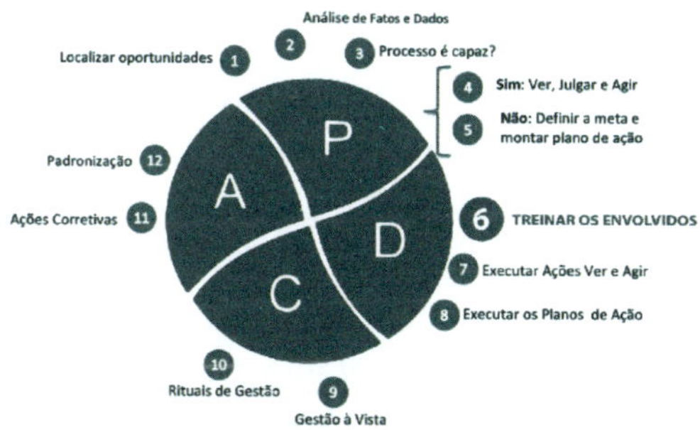

Para garantir que a oportunidade seja capturada e os problemas resolvidos, é necessário que todos os envolvidos estejam a par do plano de ação elaborado e que sejam treinados na metodologia, para que sua execução e o resultado sejam satisfatórios.

Execução: Treinar as pessoas e assegurar a execução das ações, disponibilizando os recursos necessários

Uma pessoa só compra um sonho se ele já estiver realizado em sua mente. São exemplos disso: o projeto de uma casa que ainda está no papel, o desejo de um prato que está apenas no cardápio ou a promoção no emprego em função de um MBA a ser concluído. É preciso explicar os porquês.

O treinamento se faz necessário, pois, somente com ele, nossos gestores se sentirão preparados para superar desafios, realizar algo novo, crescer como pessoas e se motivar.

José criou as condições para que o planejamento fosse executado ao longo dos sete anos de fartura. Ademais, treinou os administradores de cada cidade para recolher e armazenar corretamente os frutos da terra.

Dizem que os adultos gostam de aprender, mas não gostam de ser ensinados. Para superar essa barreira, é preciso vivenciar na prática as dificuldades e criar assim uma forte motivação para aprender.

PONTOS PARA REFLEXÃO:

• Nós despertamos a necessidade do aprendizado em nossa equipe?

• O plano de ação foi divulgado para toda a equipe? Todos os envolvidos estão devidamente treinados? Todos os recursos necessários foram fornecidos?

• Eu apresento uma sistemática formal de verificação da implementação das ações?

• Os planos de ação dos problemas priorizados e em andamento são consistentes e estão bem gerenciados?

• Existe uma sistemática para atuar nas ações que apresentem um problema?

7º E 8º PASSO
EXECUTAR O PLANO DE AÇÃO E VER E AGIR

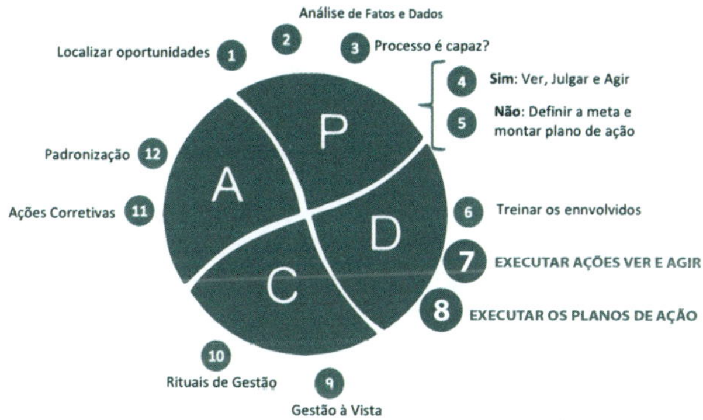

Aqui o grande desafio é implantar as ações previstas no plano, obedecendo os requisitos das tarefas e o prazo estipulado, garantindo o melhor bloqueio das causas que impedem os resultados.

As ações é que dão movimento ao gerenciamento. Até aqui, o que foi gerado é apenas conhecimento.

O Plano de Ação foi executado durante os anos de fartura e também de escassez.

- 90% das estratégias falham em função da baixa implementação

Muitas vezes as estratégias falham devido ao baixo comprometimento e motivação dos funcionários, baixa taxa de implementação, falta de metas claras ou até mesmo falta de conhecimento para traduzir os sonhos em planos.

É na etapa de Execução das ações que são gerados os resultados e isso vai depender de dois fatores:

1. da "qualidade" das ações;

2. do nível de execução do plano de ação proposto.

Durante a execução dos planos, as lideranças responsáveis devem acompanhar de perto as ações. O que se observa atualmente é uma "onda" de planos de ação invadindo as organizações, e grande parte dessas ações não saindo do papel, perdendo-se pelo caminho rumo à meta.

Muitas vezes excelentes planos de ação não geram resultado por falta de execução. Fazer com que o planejamento seja executado e reavaliado é um dos grandes desafios dos gerentes.

José teve êxito neste ponto, acompanhando de perto toda a execução do que havia proposto ao Faraó. Sabia que a responsabilidade era sua e que seria o primeiro a ser cobrado caso o Egito não conseguisse sobreviver à crise. Dessa forma, os planos foram executados com êxito.

PONTOS PARA REFLEXÃO:

- As pessoas da área estão cientes da importância da execução das ações?

- Foram explicados os porquês para todos?

- Apoio e ofereço os recursos necessários para execução dos planos?

- É verificado o impacto da execução das ações sobre os resultados atingidos?

9º PASSO
GESTÃO À VISTA

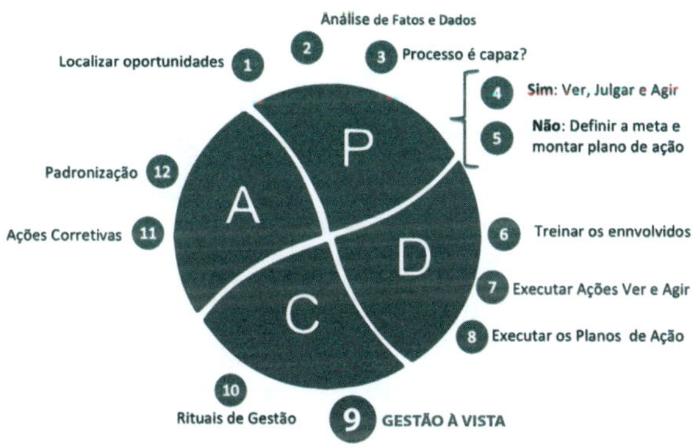

A Gestão à Vista é uma poderosa ferramenta de comunicação, que tem como princípio demonstrar de maneira simples e visual (por meio de diagramas e gráficos) os resultados que estamos obtendo em relação ao nosso planejamento.

Essa ferramenta tem como principal finalidade facilitar a comunicação com todos os envolvidos, a fim de garantir uma efetiva participação na busca de soluções.

Para ilustrar, mostramos alguns meios de controle utilizados por José:

GESTÃO À VISTA

Meta: Armazenar alimentos suficientes para encher 1.500 silos
até o final dos 7 anos de vacas gordas.

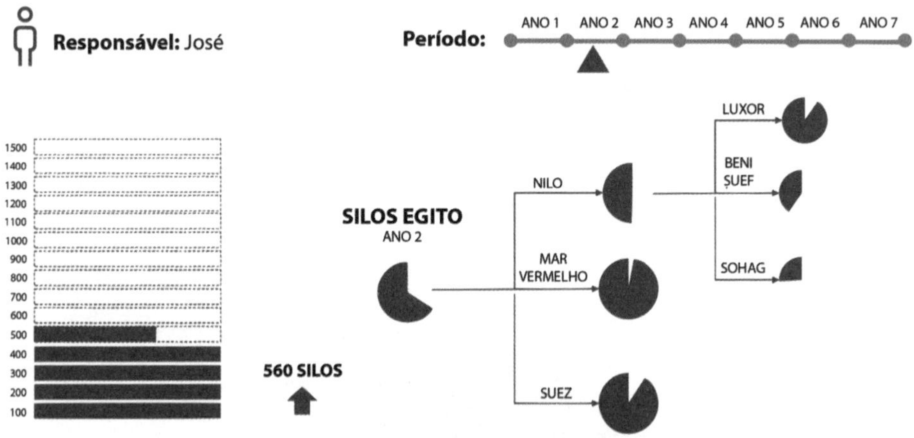

PONTOS PARA REFLEXÃO:

- Você tem uma gestão à vista bem implantada para acompanhar os resultados?
- As informações são atualizadas frequentemente?
- A sua gestão à vista está num local de fácil acesso e visualização?
- Os Indicadores de desempenho associados às metas de melhoria estão dispostos em locais adequados?

10º PASSO
RITUAIS DE GESTÃO

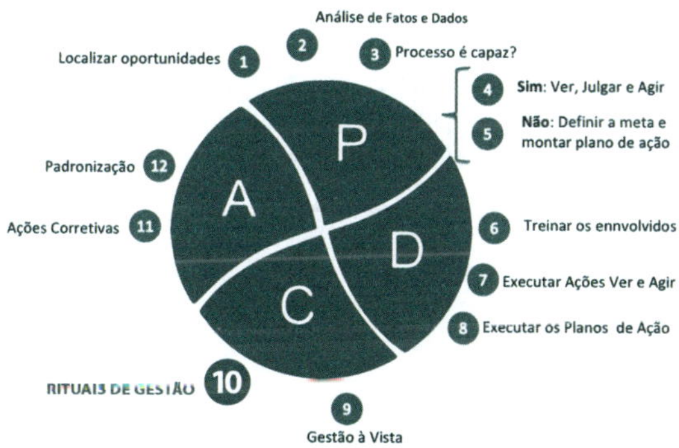

Diante da imperfeição inerente a qualquer planejamento, torna-se indispensável a verificação do alcance das metas.

Um passo muito importante da metodologia é o controle dos resultados. É por meio do controle que saberemos se as ações foram suficientes para atingir o resultado ou não.

A ferramenta utilizada para esse fim, denominada de Ritual de Gestão, é uma reunião que pode ter frequências diária, semanal e mensal e tem como objetivo garantir o controle e, por consequência, possibilitar o alcance dos resultados. É muito comum as empresas se preocuparem somente com o resultado final, a verificação do problema em si. Mas tão importante quanto verificar o resultado da meta estabelecida é verificar a execução do plano.

O instrumento utilizado para realizar a reunião é o Relatório de Uma Página (*One Page Report*). O gestor precisa explicar, em uma página apenas, o que foi planejado, o que foi executado, os resultados obtidos e as correções de rumo (caso necessárias). Com frequência os gestores se municiam com um volume enorme de informações e acabam perdendo o foco.

"Se estás afogando em um mar de informações, o seu salva-vidas é uma página de boa informação."

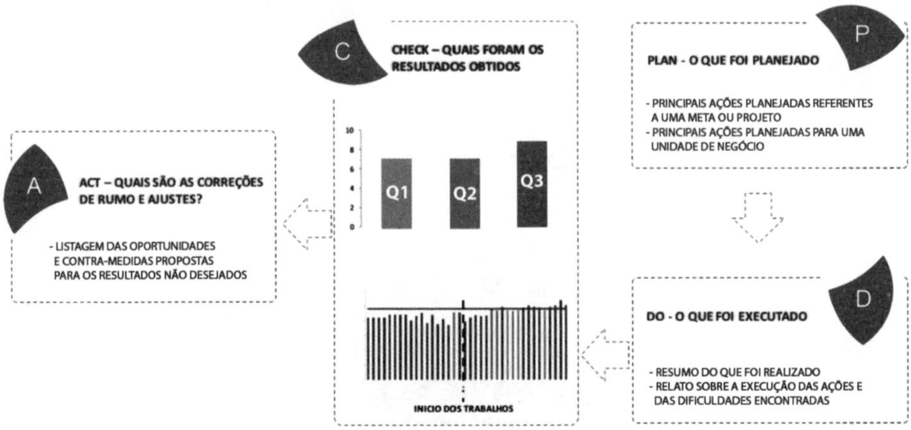

Exemplo do Relatório de Uma Página.

Durante esses rituais, é fundamental o papel de um líder, que cobre de sua equipe a implantação das ações previamente definidas e a apresentação de análises (executadas anteriormente), além de sugestão de ações para recuperação de novos desvios, conforme Figura ao lado:

Os rituais de gestão, portanto, devem ser estruturados de forma a possibilitar:

- Entendimento das causas dos desvios (análise de desvios);
- Proposição de ações de curto prazo (ver e agir);
- Implantação de ações corretivas para solução de problemas crônicos.

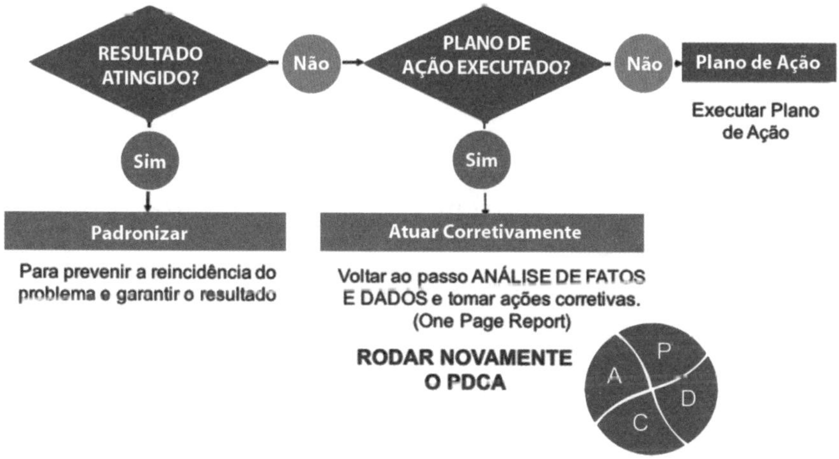

É possível que as metas sejam atingidas sem que as ações sejam executadas. Isso ocorre quando algum fator externo surge e favorece o resultado. Nesse caso, se o fator favorável deixar de existir, o problema persistirá. Portanto, é muito importante que se tenha o controle dos resultados e das ações propostas nos planos de ação, a fim de garantir que o problema será solucionado definitivamente.

Levando isso em consideração, José promoveu um acompanhamento constante do sistema, levando em conta dois pontos: a situação do atingimento das metas e a execução das ações propostas.

Buscou entender o efeito de cada ação no resultado. Definiu itens de controle que permitissem quantificar ou medir suas metas. Estabeleceu limites aceitáveis para cada item e, uma vez identificada uma anomalia (meta fora da tolerância), tratou de analisá-la, encontrar suas causas e refazer o planejamento visando a atacá-la, promovendo um outro "giro do PDCA". Atingindo o resultado, o planejamento foi padronizado.

José controlou de forma precisa cada etapa, de forma a garantir o resultado esperado. Prova disso encontra-se nas sagradas escrituras, as quais dizem que "José acumulou trigo como a areia do mar, e em tal medida que se perdeu a conta, pois ultrapassava todas as medidas". (Gen 41, 49)

PONTOS PARA REFLEXÃO:

• Existe uma boa sistemática para avaliação dos resultados? Os planos de ação são controlados?

• As metas estão asseguradas com as ações atuais? Novas ações devem ser propostas?

•É necessário fazer novas análises para entender os resultados?

11º PASSO
AÇÕES CORRETIVAS

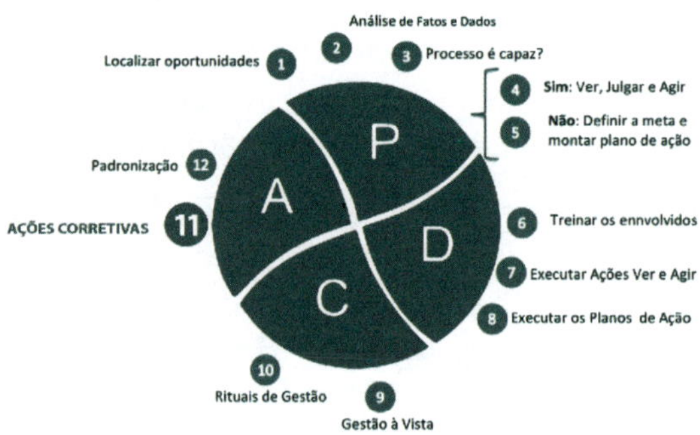

Caso alguma ação planejada não tenha o efeito desejado em direção à solução do problema ou surja alguma dificuldade em colocar em prática alguma das ações propostas, é nesta fase que tais questões são tratadas.

Com verificações periódicas dos resultados e das ações, é possível identificar rapidamente o que está dificultando o atingimento do resultado e, assim, corrigir os rumos de maneira eficiente e focada.

A História não nos deixou relatos dos problemas que José enfrentou, mas ele certamente se deparou com inúmeras dificuldades ao longo dos 7 anos de bonança e dificuldades ainda maiores nos 7 anos de escassez.

A cada resultado indesejado, José certamente tratava de realizar ações corretivas.

PONTOS PARA REFLEXÃO:

- Existe alguma sistemática de análise para tratar os desvios identificados? O resultado foi alcançado?
- As ações de fato garantem o resultado?
- As ações foram realmente implementadas?
- Existem ações para os desvios tratados (contenção e correção)?

12º PASSO
PADRONIZAÇÃO

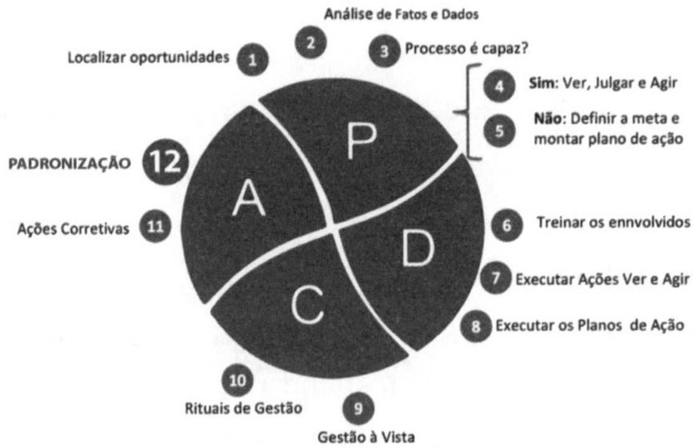

As ações que obtiveram sucesso na solução do problema devem ser padronizadas, evitando, assim, que o problema volte a ocorrer. Os padrões estabelecidos devem ser divulgados a todos os envolvidos e ser revistos periodicamente, de modo a serem atualizados.

Segundo a Bíblia, algumas das ações tomadas por José foram padronizadas e este padrão foi seguido durante muitos anos: "José instituiu assim uma lei que ainda hoje está em vigor, em virtude da qual uma quinta parte da colheita pertence ao faraó" (Gen 47:26 A).

PONTOS PARA REFLEXÃO:

- Existe uma sistemática estruturada para padronizar as ações que influenciaram positivamente os resultados?
- As boas práticas foram padronizadas?
- As pessoas foram treinadas com o padrão?

Resumo desse Capítulo

Deve-se aplicar a gestão, visando a romper as práticas atuais e obter resultados revolucionários (*breakthrough*). Por meio da análise do alcance ou não da meta, pode-se avaliar a existência de causas positivas (que devem ser promovidas) e negativas (que devem ser anuladas).

Aplicando esse modelo, podemos verificar quatro resultados obtidos por José:

1) Todos os povos passaram a ir até o Egito para comprar mantimentos.

2) José adquiriu todas as propriedades rurais da região, eliminando seus concorrentes.

3) O Faraó conseguiu acumular todas as riquezas e terras da região, aumentando consideravelmente seu patrimônio.

4) O Egito não só sobreviveu à fome, mas se tornou um grande império.

Tamanhos resultados só puderam ser obtidos por meio de muito trabalho e um forte método de gestão, o qual acabamos de conhecer.

No próximo capítulo, destaco 7 reflexões que considero fundamentais para o sucesso desse método.

5

AS SETE REFLEXÕES

"Sem uma visão clara de aonde se quer chegar, não chegaremos a lugar nenhum. Por isso, para que uma empresa se torne sólida e vencedora, é importante ter bem claro aonde se quer chegar. Daí a importância de se ter uma visão bem definida."

1ª REFLEXÃO
VISÃO, VALORES E LIDERANÇA

"Ainda jovem José tinha sonhos que sinalizavam seu perfil."

"Apesar de sua idade, mostrou honestidade e caráter dignos de grandes sábios."

Sempre estabelecer para si uma visão de futuro, buscando ser o melhor naquilo que faz, respeitando sempre a sua base de valores.

Há alguns anos foi realizado um estudo com um grande atleta praticante de salto com vara. Colocaram o sarrafo a uma altura próxima do seu recorde e pediram que ele saltasse. De 10 tentativas feitas, ele superou o sarrafo 8 vezes. Em seguida, retiraram o sarrafo e pediram que ele saltasse mais 10 vezes, o mais alto que pudesse. Surpreendentemente, a altura anteriormente determinada quando o sarrafo estava na posição só foi superada em duas das 10 tentativas.

Apesar de ser um teste físico, esse exemplo nos mostra como é importante ter uma visão de aonde pretendemos chegar ou qual obstáculo queremos ultrapassar para atingir nossos objetivos.

Sem uma visão clara de aonde se quer chegar, não chegaremos a lugar nenhum. Por isso, para que uma empresa se torne sólida e vencedora, é importante ter bem claro o objetivo a ser alcançado. Daí a importância de se ter uma visão bem definida.

Uma visão bem definida gera compromisso com o futuro, permitindo entender mais claramente o que é necessário mudar e o que precisa ser melhorado.

No Brasil, no entanto, ao longo dos últimos 30 anos, centenas de empresas deixaram de existir. Dentre essas, quantas tiveram uma visão clara e bem definida? E dessas, mesmo com uma visão definida, quantas difundiram essa visão entre seus colaboradores?

Como consultor, quando entramos em uma empresa, a primeira coisa que pedimos para analisar é a filosofia da empresa (missão, visão, crenças e valores) e o que costumamos observar é que os dizeres dessa filosofia não refletem a realidade do dia a dia da empresa.

Segundo nossos estudos, a maioria das estratégias falha em função de uma baixa implementação. É muito comum uma visão ser definida pela alta direção de uma empresa e não ser divulgada para os seus colaboradores. Ou, então, a divulgação ocorrer por meio de quadros colocados nos corredores, mas sem uma explicação do porquê de estarem ali.

Uma visão clara e objetiva só é alcançada quando: (1) é bem definida em conjunto com toda a alta direção e (2) é bem divulgada entre os colaboradores e consegue-se o engajamento do time.

Uma boa parte das empresas faz a primeira lição muito bem. Seus executivos se reúnem anualmente para analisar o mercado, traçar cenários e definir (ou redefinir) os rumos da companhia para os próximos anos. No entanto, poucas conseguem implementá-la de fato.

Mas como conseguir o engajamento de todos os colaboradores com a visão traçada para a empresa?

O melhor mecanismo para que a visão de uma empresa seja impregnada em seus colaboradores pode ser resumido em duas palavras: liderança e exemplo.

Só é possível atingir uma visão quando os executivos assumem o compromisso perante seus subordinados e os lideram em direção a ela. Além disso, também é imprescindível que um líder adote ações que denotem claramente aos subordinados o seu comprometimento com a visão estabelecida.

Assim como a visão, as crenças, valores e a própria missão da empresa devem seguir por esse mesmo caminho. Seus executivos devem ser os primeiros a adotá-los e ter atitudes condizentes com tais estratégias.

O que quero dizer é que a visão, missão, crenças e valores de uma empresa devem ser praticados, muito mais do que escritos. E essa prática só acontece por meio da liderança e do exemplo.

Divulgar os rumos pretendidos para a empresa em seus corredores é muito importante para lembrar sempre aos colaboradores o que se espera deles. Entretanto, mais importante que frases na parede são ações e resultados que mostrem que aquelas palavras não foram escritas em vão.

Case: Colocando em Prática os Valores

O Instituto Aquila é uma iniciativa de 150 sócios que acreditaram no sonho de criar um projeto novo e diferente de empresa.

Isso só foi possível porque todos assinaram o afeto societário e nosso Jeito Aquila de Ser, dois documentos vivos até hoje e que sempre iluminam nosso caminho, fazendo com que resgatemos constantemente o motivo de estarmos juntos.

São os nossos valores!

Afeto Societário

Unidos pela satisfação de estarmos juntos e de compartilharmos nosso conhecimento, somos uma equipe comprometida com:

• A disseminação do conhecimento gerencial de forma ampla e participativa;

• O crescimento das pessoas e das organizações por meio da melhoria contínua dos seus processos e resultados;

• A busca incansável pela geração de valor sustentável para os nossos clientes.

Nosso espírito de servir coloca os interesses das organizações que nos confiam seus recursos à frente dos nossos interesses.

Gostamos do que fazemos, por isso nos dedicamos integralmente à busca da excelência:

• Transformando sonhos e ambições em desafios mensuráveis;

• Construindo o caminho para o sucesso junto com as organizações clientes;

• Identificando e aprimorando as boas práticas já existentes;

• Auxiliando as pessoas na entrega de resultados e enfrentando problemas, sejam bons ou ruins;

• Inovando com ousadia em soluções não convencionais.

Acreditamos que uma organização só se desenvolve quando as pessoas são capazes de reagir, com rapidez, aos desafios dinâmicos impostos por um mercado cada vez mais competitivo.

Nossa missão: empenharmo-nos continuamente para entregar o melhor produto e prestar o melhor serviço a um custo justo.

Todos os ativos das organizações precisam ser extremamente produtivos, em especial os recursos humanos. Quando treinados, capacitados e focados de forma adequada produzem resultados atraentes que encantam nossos clientes.

Este é o nosso desafio: levar para todas as organizações clientes o melhor do melhor, sempre! Por isso estamos juntos.

Por estarmos convencidos de que este é o melhor caminho, firmamos este "*Ipsum Affectent*" - Afeto Societário - ou seja, **o prazer de sermos sócios.**

O Jeito Aquila de Ser traduz o Afeto Societário para a prática por meio de três pilares:

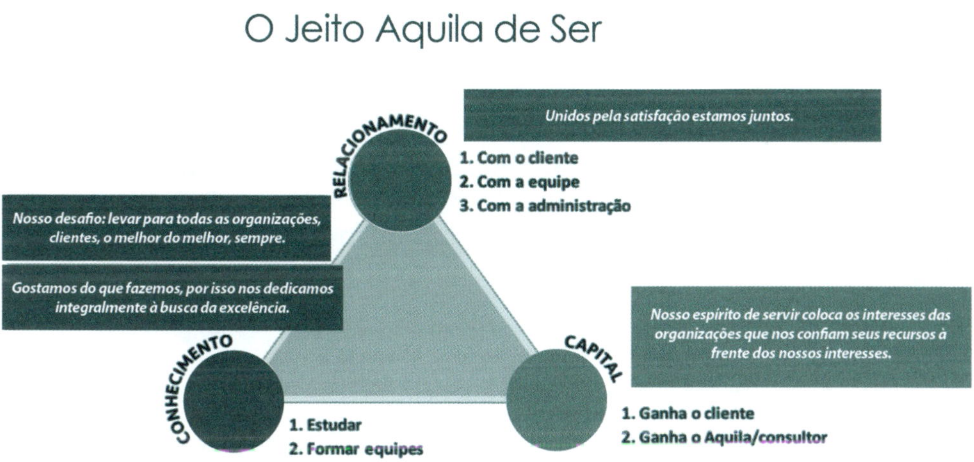

PONTOS PARA REFLEXÃO:

- Eu conheço a missão, visão, crenças e valores da minha empresa?
- Alguma vez eu parei para refletir se minhas ações e as de meus colegas estão de acordo com essa filosofia?
- Eu tenho incentivado meus subordinados a agirem de acordo com essa filosofia?

2ª REFLEXÃO
METAS

"Viu-se diante de uma grande barreira, pela qual não se deixou intimidar."

Nunca ter medo de desafios. A excelência é construída sobre metas audaciosas.

Os grandes espíritos têm metas. Os outros apenas desejos.

Nos trabalhos que desenvolvemos em empresas é muito comum que as pessoas, quando solicitadas a definir metas para suas áreas ou mesmo metas pessoais, coloquem:

- "Vamos devagar;
- Vamos estabelecer uma meta que a gente possa alcançar;
- E depois que a gente alcançá-la, aí sim partimos para um grande desafio."

Essas frases fariam sentido se, após atingido o resultado, as pessoas se prontificassem a um verdadeiro desafio. Mas a natureza do ser humano não é assim. Sempre tentamos postergar aquilo que é difícil, aquilo que nos dará trabalho e responsabilidades. Assim, quando a meta é atingida, sempre surgem explicações de como foi difícil atingi-la e uma nova meta pouco desafiadora é colocada.

Atitudes como essas, ano após ano, vão consumindo a capacidade criativa das pessoas e impedindo um crescimento que poderia ser maior, se as pessoas fossem mais audaciosas.

Um grande executivo, à frente de uma importante empresa internacional, disse certa vez que o principal fator ao qual ele atribui ter sido escolhido para dirigir a empresa é o fato de nunca ter tido medo de assumir desafios. Anos antes de assumir a presidência, o seu antecessor o nomeou responsável por uma divisão que só dava prejuízo.

Durante 2 anos, ele só trazia más notícias ao Presidente, mas sempre com novas ideias de como fazer o negócio se tornar rentável. Até que um dia isso aconteceu e, pouco tempo depois, ele foi chamado para assumir a Presidência da empresa.

Assumir desafios exige, além de um vasto conhecimento, muita coragem. Ao assumir desafios, aceita-se também a possibilidade de falhar. O que impede as pessoas de assumirem desafios é exatamente o medo de falhar. Mas, aplicando o método PDCA, aprendemos que errar faz parte do trabalho e que é preciso:

• Entender o erro cometido durante as fases de planejamento e execução;

• Treinar fortemente a equipe para não cometer o mesmo erro novamente;

• Tomar imediatas ações corretivas para eliminar a falha.

Em uma situação que exige desafios existem basicamente 2 tipos de pessoas.

• O primeiro tipo pensa: "Não deveria ter aceitado essa meta. Vou ter que me explicar com meu chefe se não conseguir alcançá-la."

• Já o segundo tipo pensa: "Realmente é um grande desafio. Mas essa pode ser minha chance de mostrar meu valor."

"Os erros facilitam nosso aprendizado". O problema de falhar ao assumir a responsabilidade de resolver um problema não é o fracasso em si, mas sim não propor nenhuma solução alternativa quando todas as outras já foram testadas.

O medo de assumir desafios se torna ainda mais grave quando surge algum concorrente que faz exatamente o que estamos dizendo: estabelece desafios audaciosos e parte em busca deles. Aí, só resta àquela empresa cautelosa demais lamentar-se, buscar culpados e conviver com um balanço medíocre.

Como exemplo, quando algumas empresas constatam que o seu segmento está dando sinais claros de que é preciso fazer alguma coisa, é comum buscarem culpados e rezarem para que a má fase passe. Entretanto, na maioria dos casos, a má fase não vai passar, e apontar culpados não vai adiantar. É preciso haver pessoas de coragem para propor os desafios e assumi-los, caso contrário o destino pode ser cruel.

PONTOS PARA REFLEXÃO:

• Quando sou colocado diante de um desafio, recuso-o imediatamente ou o aceito?

• Como é a postura dos meus colegas diante de desafios?

• Quando meu grupo não atinge uma meta, buscamos novas opções ou buscamos culpados?

• Qual método utilizo em minhas reuniões? Como desdobro meus objetivos?

• Quantas horas reservo do meu tempo para treinar os colaboradores com foco em resultados práticos?

3ª REFLEXÃO
QUALIDADE

"Conquistou com seus serviços a confiança do carcereiro-mor." "Barbeou-se, mudou de roupa, e se apresentou diante do Faraó."

Oferecer produtos/serviços que superem a expectativa dos seus clientes, atualizando-se de acordo com as necessidades e renovando conceitos em busca das melhores práticas.

Para uma empresa ser bem-sucedida no mercado é muito importante sempre se perguntar se ela está oferecendo aos seus clientes os melhores produtos ou serviços.

É muito comum vermos propagandas que falam de tudo que a empresa é, dos seus ótimos produtos, da excelente qualidade dos seus serviços, mas, quando procuramos essa mesma empresa para algum produto ou serviço, a situação é bem diferente.

O produto anunciado está em falta, os serviços não são entregues no prazo, acontecem erros de cobrança, entre outros problemas. Mais importante do que divulgar a empresa como a que possui os melhores produtos e serviços, é realmente tê-los.

Para isso, nada melhor, mais uma vez, que dar o exemplo. Quando a empresa, por meio de seus executivos, mostra o quanto é preocupada em satisfazer e superar as expectativas dos clientes, isso é transmitido aos funcionários e cria um círculo virtuoso de boas ideias.

Seja bom e o reconhecimento vem como recompensa. Antecipe os problemas do seu cliente e ele o indicará para outros tantos.

E, quando acontecer alguma falha, não perca tempo com justificativas. O cliente não o procurou para ouvir explicações ou saber quem é o culpado. Ele quer uma solução para o problema. Resolva-o ou indique a melhor solução e seu cliente ficará feliz. Não crie processos que empurram o cliente de um lado para outro sem dar uma solução. Se não puder resolver o problema na hora, defina uma data para o retorno e retorne ao seu cliente com a solução.

Atingir a perfeição deve ser uma busca incessante, dia a dia. Uma empresa pode não ser a melhor em tudo o que faz; no entanto, o aperfeiçoamento constante na busca dos melhores resultados é um diferencial competitivo em relação aos seus concorrentes.

Para alcançar esse diferencial competitivo é necessário criar um programa de melhoria contínua, conduzido na empresa pela utilização da Gestão e por meio de uma disciplina rígida, na forma de alavancar seus produtos e serviços, como são produzidos e comercializados. Comparar-se sempre com o mercado ou consigo mesmo é a melhor forma de encontrar um meio para melhorar.

Se alguém faz algo melhor que nós, podemos também fazê-lo? Ou, se no passado já conseguimos resultados melhores, sob que circunstâncias esse resultado surgiu? É possível repeti-lo?

O caminho para o aperfeiçoamento é sempre difícil e requer grande força de vontade, pois, uma vez que se descobre que existe uma prática melhor que aquela que praticamos, devemos buscá-la. E isso exige dedicação, empenho e disciplina.

PONTOS PARA REFLEXÃO:

- Nossos clientes são atendidos de imediato quando surge algum problema?
- Tenho metas claras de nível de atendimento aos nossos clientes?
- Eu sugiro melhorias nos produtos, serviços ou processos da minha empresa?
- Todos nossos produtos são rentáveis?
- Todos nossos indicadores de produtividade estão alinhados?
- Nossa gestão à vista é fácil de ser interpretada por nossos colaboradores?

4ª REFLEXÃO
RESPOSTAS RÁPIDAS (REFLEXO)

VER, JULGAR E AGIR

"Não hesitou em interpretar os sonhos e decifrar o que incomodava o Faraó."

"Reconheceu a realidade e o cenário que estava por vir."

O ambiente competitivo requer repostas rápidas às necessidades emergentes, identificando prontamente os resultados indesejados.

A rapidez de resposta a uma situação indesejada é determinante para a sobrevivência de qualquer empresa. Captar as mudanças do ambiente, entendê-las, elaborar as respostas e colocá-las em prática deve ser um processo rápido dentro de qualquer empresa. É essencial prever tendências de mercado, os desenvolvimentos tecnológicos e as mudanças estratégicas dos concorrentes.

Charles H. Duell, do Escritório Americano de Patentes, pediu sua demissão em 1899 alegando que "tudo o que poderia ser inventado já foi inventado". Essa frase parece absurda hoje, mas ainda existem empresas que, embora não admitam, acreditam que para o seu negócio essa afirmação é válida.

No cenário competitivo atual, não antecipar mudanças é um risco alto para a sobrevivência de uma empresa. No ambiente empresarial, o que é líquido e certo hoje pode não o ser amanhã. Esse processo de mudança pode demorar anos para ocorrer ou se dar em seis meses. Não há ferramenta que seja capaz de prever a velocidade das mudanças, mas toda empresa precisa ter um "plano B" traçado, caso alguma coisa mude no seu setor.

Uma empresa, para garantir seu sucesso, precisa ter em mente que a estabilidade dos mercados de outras épocas não existe mais. Empresas que no passado tinham mercados garantidos deixaram de existir em menos de cinco anos. Foi assim com os fabricantes de carburadores, disquetes, máquinas de escrever, videocassetes, toca-discos e uma infinidade de outros setores.

Dessas empresas, só sobreviveram aquelas que foram capazes de antecipar as mudanças do mercado e colocar em prática planos de melhoria e inovação do seu negócio. As empresas que apostaram que aquele novo mercado não iria adiante foram compradas ou fecharam as portas.

A velocidade de resposta aos problemas não se restringe apenas às grandes mudanças de mercado que afetam a estratégia da empresa. Os problemas do dia a dia também precisam ser sanados rapidamente para que não voltem a ocorrer.

Para os problemas do dia a dia, o fator fundamental para que eles sejam solucionados é o foco ao tratá-los. É muito comum vermos reuniões intermináveis para discutir um determinado problema, no entanto, em vez de se buscar uma solução, busca-se um culpado para o problema e, muitas vezes, o culpado é o governo, a concorrência, o mau tempo e uma infinidade de fatores que não controlamos. Assim, ao final da reunião, a única decisão concreta é a data da reunião seguinte.

Problemas exigem pessoas focadas e ações claras para serem solucionados! Quando se discute um problema por mais de duas horas em uma reunião, é sinal de que o problema não está claro para todos ou existem pessoas que não estão focadas nele.

Objetividade e clareza são fundamentais para que um problema seja resolvido. Mais importante do que descobrir quem o causou é entender suas causas, consequências e o que fazer para bloqueá-lo rapidamente.

PONTOS PARA REFLEXÃO:

• Nas reuniões da minha empresa os problemas são discutidos na sua essência ou buscamos culpados?

• Para toda reunião já venho com o meu diagrama de Ishikawa pronto?

• Minha empresa está pronta para as mudanças e sazonalidade se o mercado mudar radicalmente?

• Temos pessoas preparadas para antecipar mudanças no mercado? Todas as metas estão alinhadas até o nível operacional?

• Todos os envolvidos têm um bom plano de ação?

5ª REFLEXÃO
PLANO DE AÇÃO

"Sugeriu prontamente ações para enfrentar tais desafios."

Para cada meta estabelecida, é necessário ter um bom plano de ação. Tão importante quanto um bom planejamento é a sua execução. De nada adianta executivos realizarem um planejamento impecável se ele não é colocado em prática.

Parece estranho, mas essa situação é muito comum nas empresas. Mesmo quando as metas são bem comunicadas é muito comum o resultado não ser atingido. Isso acontece porque normalmente os planos para atingir os resultados não são consistentes.

Elaborar um plano de ação consistente é uma tarefa difícil e pouco emocionante, mas é ele que irá garantir o resultado no final das contas. Se ele for elaborado adequadamente, o resultado surgirá e as ações ali propostas poderão ser disseminadas pela empresa. Se porventura as ações não surtirem o efeito desejado, elas ficarão registradas e poderão ser adaptadas ou servir de modelo para evitar erros futuros.

É comum nos depararmos com situações em que as pessoas não querem fazer os planos de ação sob a justificativa de que o que fazem é rotina e não há nada novo a ser incorporado ao seu dia a dia. Dessa forma, os planos de ação que surgem acabam contendo apenas ações rotineiras, que nada irão contribuir para o resultado. Se existe uma meta de melhoria, é pouco provável que ela seja atingida fazendo-se as coisas da mesma maneira. Para que uma melhoria seja alcançada, é preciso pensar e agir de forma diferente.

O resultado só é atingido se existir um plano bem estruturado dando-lhe sustentação. Para isso, é preciso que o plano tenha, no mínimo:

• ações claras e objetivas, diferentes do que se faz hoje - nunca colocar ações do dia a dia;

• um responsável para cada ação - nunca um grupo de pessoas ou um departamento;

• prazos bem definidos - nunca prazos recorrentes como "a partir de", "semanalmente", etc.

Com uma meta em mãos e um bom plano de ação, as chances de sucesso no atingimento do resultado aumentam consideravelmente.

PONTOS PARA REFLEXÃO:

• Para todas as metas tenho planos específicos?

• Treino os meus colaboradores na execução dos planos elaborados? Tenho como gerenciar todos os planos de minha área de atuação?

• Tenho como mensurar o impacto no resultado para as principais ações propostas?

• Tenho uma agenda de controle de resultados previamente estabelecida?

6ª REFLEXÃO
DIFICULDADE X OPORTUNIDADE

"Soube criar oportunidades até mesmo nos momentos de grande dificuldade."

Aproveitar cenários de crise para fortalecer as bases e consolidar a excelência. Todo problema esconde grandes oportunidades. Crescer com um mercado favorável é fácil. Difícil mesmo é conseguir vislumbrar oportunidades quando todos estão apavorados com uma crise.

Em primeiro lugar, se a "4ª reflexão" foi seguida, a crise já está prevista e o "plano B" já está pronto para ser utilizado.

Mas, mesmo que ainda não se tenha um "plano B", é sempre possível observar o cenário sob outro ponto de vista.

No mercado de ações, por exemplo, quando os papéis caem, para uns é o momento de vendê-los, enquanto para outros é a hora de comprá-los. Tudo depende do ponto de vista.

Para quem está preparado, uma crise é um excelente momento para novas oportunidades. Enquanto todos estiverem em meio à turbulência, a empresa que estiver preparada saberá tirar proveito da crise e ser ainda mais rentável. Qualquer que seja o segmento de uma empresa, sempre é possível vislumbrar oportunidades num cenário de crise.

Um grande fabricante de refrigerantes, já vislumbrando um cenário de declínio do consumo de seus produtos, abriu seu leque de bebidas para sucos e águas, muito antes de o mercado entrar em crise. Essa preparação é essencial para que a crise, quando chegar, já seja esperada e não cause tanto trauma na empresa quanto em um concorrente que esteja despreparado.

É muito comum, em momentos de crise, que as empresas não habituadas a encará-las como uma oportunidade se escondam sob a esperança de que a crise logo passe e tudo volte ao normal. Para muitas empresas essa tática ainda funciona, mas o número de empreendimentos que ainda sobrevivem dessa forma diminui a cada dia.

Se a empresa não estiver preparada para enfrentar a crise e criar as oportunidades necessárias para sua sobrevivência, ela será um alvo fácil para aquelas que o fazem.

É bem verdade que, considerando uma crise e parafraseando um velho ditado, "não há mal que dure para sempre nem bem que nunca se acabe". No entanto, a virtude está em valer-se da crise para suplantá-la em vez de amargar seu lado ruim.

PONTOS PARA REFLEXÃO:

• Monitoro continuamente o desempenho de nossos produtos? Nossos clientes estão todos segmentados?

• Conheço meu *market share* em nossos principais clientes?

• Tenho o gerenciamento de toda minha cadeia de valor atualizado? Tenho um olho contínuo nas ações de nossos concorrentes?

• Tenho uma agenda de controle das melhorias, inovações e projetos específicos, com uma visão dos próximos 5 anos?

7ª REFLEXÃO
ECONOMIA E INVESTIMENTO

"Durante os anos de abundância, José produziu e armazenou."

Gastar menos do que ganha e aplicar bem as economias.

Tão importante quanto gerar resultado é saber onde aplicá-lo. Uma empresa precisa saber gerir o resultado por ela produzido para gerar mais riqueza e continuar crescendo.

Para isso, gerenciar os recursos alcançados pelo resultado e reinvestir parte deles no capital empregado da empresa é essencial. Saber quais máquinas, equipamentos ou estruturas devem ser incorporados à empresa deve ser a principal questão na mente dos executivos ao final de um exercício.

É preciso muito cuidado ao escolher onde aplicar os recursos. Uma aplicação de recursos errada pode gerar mais prejuízos do que somente o financeiro. Ela pode prejudicar a imagem ou a marca da empresa e os danos nesses quesitos dificilmente são quantificáveis.

Infelizmente, hoje são poucas as empresas que gerenciam o retorno sobre o capital empregado. A grande maioria observa a margem de lucro, mas não analisa se seu resultado está remunerando o capital investido na empresa.

É comum empresas com boas margens de lucro não apresentarem um retorno satisfatório sobre o capital empregado. Nesses casos, é só uma questão de tempo até que uma crise do mercado faça com que os resultados desapareçam.

Uma empresa que não gerencia seu capital empregado torna-se frágil ao longo do tempo, e reverter a situação é uma tarefa bastante difícil. Numa situação de fragilidade, não são feitos investimentos no capital empregado da empresa, e sim a desmobilização de prédios, máquinas e equipamentos, normalmente gerando tensão entre os funcionários.

Dessa forma, para garantir que a empresa tenha um futuro próspero, seus executivos precisam estar atentos para a questão de onde alocar os recursos gerados pelo resultado e gerenciar atentamente o retorno que a estrutura da empresa gera de resultado.

PONTOS PARA REFLEXÃO:

- Minha empresa avalia o retorno sobre o capital empregado?
- Avalio constantemente a produtividade dos ativos fixos (máquinas e equipamentos)?
- Conheço todos os gargalos do meu sistema produtivo?
- Tenho separado claramente meus ativos operacionais?
    - Conta cliente?
    - Conta estoque?
    - Conta fornecedor?
- Existe uma política de aplicação dos resultados na empresa?
- Conheço com exatidão minhas necessidades de saldo de tesouraria?

6

CONCLUSÃO

"Quantos Joses não podemos fabricar criando oportunidades reais de crescimento e com resultados rápidos."

Apresento algumas conclusões que julgo importantes para o nosso dia a dia e, principalmente, para o nosso futuro.

Sobre José do Egito e os Gestores

Se tivéssemos que apostar no sucesso de José, quando ele foi vendido como escravo ou quando foi preso, acredito que ninguém em sã consciência apostaria um centavo no seu futuro. Seria mais um escravo no meio de tantos escravos, ou mais um presidiário no meio de tantos outros.

Mas José era diferente, tinha convicção de seus ideais e fé em suas atitudes.

Quando começamos o trabalho em uma empresa, implementando algum gerenciamento matricial, sempre precisamos criar alguns gestores, mas as perguntas são sempre as mesmas: temos que contratar mais gente? Aumentar nosso efetivo? Já estamos com muito trabalho e não temos gente disponível.

E eu penso: **"Quantos Josés não podemos fabricar criando oportunidades reais de crescimento e com resultados rápidos".** Após alguns meses de prática, isso efetivamente acontece. Alguns gestores começam a apresentar soluções incríveis, resultados extraordinários. Coisa inimaginável de se pensar no gerenciamento tradicional.

Sobre as Empresas Vencedoras e Perdedoras

As empresas não são diferentes, todas enfrentam problemas e grandes desafios. No entanto, algumas têm uma trajetória ímpar de contínuo sucesso ao longo dos anos, sempre inovando, melhorando seus produtos, expandindo o seu mercado de atuação e, como consequência, atingindo resultados que estão sempre melhores que no período anterior. Outras empresas, por sua vez, desaparecem de repente, entram num processo maciço de demissões e reestruturações infinitas. Isso no Brasil não é novidade para ninguém.

Quando entro em uma empresa, me pergunto sempre: "quantos Josés vou encontrar aqui?”.

Às vezes, encontro alguns Josés “ferozes”, verdadeiros gerentes inovadores, vibrantes e comprometidos com o futuro da sua empresa.

Outras vezes, encontro gerentes obsoletos, alguns beques centrais, que cortam tudo, sem o menor talento para a função. Normalmente, em nossa primeira reunião, eles têm justificativa para tudo, explicam com detalhes como administram e resolvem as situações complicadas. É impressionante, têm inclusive uma explicação lógica para os péssimos resultados de sua área, ou seja, os problemas estão sempre nas áreas dos outros ou em fatores externos.

A conclusão dessa primeira reunião é sempre a mesma: eles não precisam de ajuda, mas "manda quem pode, obedece quem tem juízo".

Quando o trabalho operacional em sua área se inicia, normalmente encontramos um "mar" de oportunidades. Aí, como em uma partida de futebol, esses "zagueiros" perdem toda a "elegância" e aplicam todo tipo de jogada que é possível para parar o jogo. Normalmente, acabam levando cartão vermelho e sendo expulsos.

Em uma grande empresa, começamos um programa de melhorias em toda a área comercial. Essa empresa tinha uma gama de produtos similares básicos, os quais poderiam ser comercializados na sua estrutura tradicional ou poderiam ter vários complementos agregados (até dez complementos). A política comercial era variável e cada gerente montava seu mix em função da carteira e segmento de seus clientes. Os controles praticamente não existiam.

As reuniões de controle com o diretor comercial dessa empresa eram invariavelmente muito difíceis. Ele sempre chegava atrasado, algumas vezes desmarcava as reuniões em cima da hora, com as justificativas mais pífias. Porém, quando uma reunião acontecia, boa parte dela era gasta pelo diretor para contar suas façanhas pessoais, todo o tipo de façanha. No pouco tempo que sobrava, não era possível apresentar as nossas análises. Não havia mais tempo e ele sempre terminava com o mesmo discurso, os problemas não estavam em sua área.

Fomos avançando, trabalhando arduamente e descobrimos uma coisa interessante. Os produtos vendidos com complementos tinham sempre os preços muito parecidos, independentemente do número de complementos existentes em cada produto (lembremos que a variação poderia ser de um complemento até dez complementos). Como os volumes eram muito grandes e as vendas eram realizadas em boa parte para o exterior, uma base de dados para análise não existia.

Quando, em uma reunião de controle, informamos essa descoberta ao diretor, seu humor mudou radicalmente. Passou a nos atacar de modo muito agressivo, em total desequilíbrio.

A partir dessa data, nosso relacionamento praticamente acabou e nossa última reunião foi dolorosa, demorou quatro horas e fomos embora. Passado o tempo, em uma reunião com a presidência o citado diretor foi demitido.

Diretores como esse sobrevivem amparados pelos organogramas complicados existentes dentro de sua própria organização, ou são amigos de alguns superiores. São na verdade os grandes adversários da própria empresa.

É necessário abrir a cabeça para o fato de que o contínuo aprendizado não é uma tarefa fácil. Como seres humanos, temos a tendência de achar que já estamos bem, temos as soluções para tudo que nos é apresentado, ou seja, não importa o tamanho do prego, nosso martelo é sempre o mesmo.

Em um outro grande cliente, com todo o sistema de gestão "teoricamente" implementado, as coisas não andavam bem. Os resultados comerciais não cresciam e os concorrentes começavam a atropelar os seus calcanhares. Teoricamente, tudo funcionava bem, havia uma estrutura própria de "melhoria contínua", sistema de gerenciamento de planos de ação e metas, mas os resultados chegavam minguados.

Preocupado, um Gerente "José" nos convidou para realizar um diagnóstico. Sua insatisfação era enorme. Em toda reunião com a diretoria e presidência ele passava por grandes apuros.

Em uma dessas, o presidente começou a duvidar de sua capacidade de produzir resultados.

Então, começamos o trabalho. Qual foi a grande descoberta? O que realmente acontecia?

A equipe de melhoria contínua da empresa, ligada, pelo organograma, em outra diretoria, existia e estava sempre à disposição desse Gerente. Ele, em função dos resultados mensais, definia o foco de atuação em uma filial comercial com desvios e pedia ajuda à área de melhoria contínua.

Havia, no entanto, muita burocracia nesse processo: identificação do pedido, liberação e autorização do pessoal, emissão de passagens e cronograma de atividades, tudo tendo que ser autorizado por outro diretor (lembra-se do organograma?). E, depois de todos esses trâmites, quem iria arcar com essas despesas, em qual centro de custos elas seriam alocadas? Aí o mês acabava e nada havia sido feito. Porém, algumas vezes funcionava.

Vamos aos fatos. Lá chegando, a equipe de melhoria contínua impunha seu ritual (sempre o mesmo) em conjunto com alguns (poucos) integrantes daquela filial, realizava as análises, ou seja, seguia passo a passo o método PDCA, que terminava com a elaboração dos planos de ação. Aplicando a lei do menor esforço, esses planos eram desdobrados para todos os vendedores da filial. Vendedores com bons ou maus resultados recebiam o mesmo plano.

Esse é um exemplo típico do "não importa o tamanho do prego, o martelo é sempre o mesmo".

Descoberto esse problema crônico, em conjunto com o Gerente "José", fomos nos reunir com aquele diretor "zagueiro". Você pode imaginar como foi a reunião. A temperatura ultrapassou todos os limites dos termômetros existentes. O Gerente "José" enfrentou esse diretor de forma contundente. Contratou-nos para reestruturar toda sua área comercial, os resultados foram expressivos e em dois anos ele foi promovido a diretor.

Muitas empresas criam a área de melhoria contínua ou similar, mas se esquecem de que nada é estático. Tudo é muito dinâmico. O PDCA é o mesmo, mas as ferramentas de gestão acopladas ao PDCA variam em função dos problemas existentes, ou seja, para cada prego, temos que utilizar martelinhos, martelos ou marretas diferentes. E para ser capaz de identificar qual ferramenta (tipo de martelo) utilizar, é necessário o aprendizado contínuo.

Sobre Aquela Terça-Feira de Abril De 2003

Naquela terça-feira de abril de 2003, após aquele dia difícil e surpreendente, arregaçamos as mangas e toda a equipe se dedicou ao máximo. Os resultados foram revertidos e este particular exercício foi um dos melhores da história daquela empresa.

Anos depois, essa empresa foi *case* de sucesso em um grande evento. Durante a apresentação, fiquei muito feliz com a emoção e o entusiasmo dos dirigentes que ali se apresentavam. Cada slide era uma surpresa muito agradável. Os resultados alcançados eram inimagináveis, realmente foi uma grande virada, a princípio impossível de conseguir, mas os milagres existem, quando somos capazes de transformar uma situação difícil em ponto de partida para mudança e aprendizado.

O futuro não tem lugar marcado para ninguém. O sucesso é um ciclo contínuo. Para ser sustentável, a empresa precisa inovar sempre em busca da sua vantagem competitiva no mercado em que atua.

Conclusão Final

Depois de tantos anos de trabalho, luta, muito estudo, leitura, disciplina e extrema dedicação, conciliando a vida nas empresas com a vida em família e no campo, aprendi muito, talvez mais do que tenha ensinado.

No campo, lidando com a terra e os animais, plantando e cultivando, aprendi a ser quem sou hoje, como ser humano e profissional. Aprendi a observar, a ter paciência, persistência e, principalmente, a respeitar o tempo, pois é ele que determina a hora certa para tudo. Há o tempo de plantar e o tempo de colher, isso associado a muito trabalho, cuidado e planejamento.

Nessa imersão que faço periodicamente no campo, num momento de reflexão e aprendizado quase solitário, respeitando o desabrochar das coisas, o momento da chuva em abundância ou sua escassez, traço metas e me preparo para vivê-las.

E, assim como José do Egito, entre períodos de abundância ou de "vacas magras", coloco em prática toda a minha estratégia para enfrentar e vencer os desafios!

Exercito, assim, todo o aprendizado que a terra me oferece, como a inspiração que me proporciona, aplicando no meu trabalho e na minha vida o que de mais belo e essencial retiro dela: o gosto pela vida, o prazer em viver uma vida simples, com hábitos humildes. E, por fim, a paciência, a persistência e, acima de tudo, a coragem! E, com essa coragem, sem medo de arriscar ou errar, proponho passar um pouco de toda a minha experiência e aprendizado, confiante de oferecer um bom livro, simples e de fácil compreensão, pois não necessariamente grandes problemas precisam de grandes soluções.

Desejo que cada um, executivo, empresário, estudante, professor, comerciante, autônomo, funcionário, dona de casa, leitor curioso, fazendeiro e todo profissional, seja capaz de despertar, depois deste livro, o mesmo espírito empreendedor e de liderança de José do Egito, podendo, assim, por meio dos conceitos básicos aqui citados, estabelecer metas e superar desafios.

Espero, também, que possam tornar seu negócio muito melhor que antes, estabelecendo um diferencial positivo na produção de resultados. Algo que não só dê retorno ou atinja a excelência, mas que provoque, antes de tudo, paixão e muita emoção!

A emoção me move! A emoção pelo que faço, o amor pelo trabalho justifica toda minha luta, pois como disse o grande economista, prêmio Nobel, Milton Friedman, "não existe almoço grátis". Nada vem de graça, tudo nasce de um esforço diário, da determinação, coragem, inspiração, transpiração, disciplina, confiança na equipe e uma grande visão de futuro!

Espero inspirá-los para isso.

Boa sorte e sucesso em suas novas e desafiantes metas!

Raimundo.

Bibliografia

ADAIR, John. Liderança e motivação: a regra do meio a meio e os oito princípios fundamentais para motivar os outros. Tradução de Henrique Amat Rêgo Monteiro. São Paulo: Clio Editora, 2010.

AXELROD, Alan. Winston Churchill Ceo: 25 lições indispensáveis para líderes extraordinários. Elsevier – Campus. 280p.

BARROS, Érico Costa; DREON, Fernanda Righi. Análise financeira, enfoque empresarial: uma abordagem prática para executivos não financeiros. Belo Horizonte: Editora Libretteria, 2016.

BÍBLIA, Português. A Bíblia Sagrada: antigo e novo testamento. Tradução de João Ferreira de Almeida. Edição rev. e atualizada no Brasil. Brasília: Sociedade Bíblia do Brasil, 1969.

BUONOMONO, Dean . O Cérebro Imperfeito. Elsevier, 2011. 280p.

BURCHARD, Brendon. O mensageiro milionário: faça a diferença e enriqueça ao compartilhar seus conhecimentos. Editora Novo Conceito, 2012. 202p.

CARVALHO, Luiz Felipe. Guia prático de programação neurolinguística - PNL: como usar técnicas de programação neurolinguística para alcançar seus objetivos. Amazon Digital Services LLC, 2013. 81p. [versão Kindle Edition]

CHARAN, Ram. O que o presidente da sua empresa quer que você saiba: como sua empresa funciona na prática. Tradução de Marcelo Candido de Melo. São Paulo: Negócio Editora, 2001.

COUTINHO, Carlos Bottrel. A gestão no Brasil; história do movimento que ajudou a mudar o país: uma saga de Minas Gerais. Belo Horizonte: 3i Editora, 2013.

DE MASI, Domenico. A emoção e a regra: os grupos criativos na Europa de 1850 a 1950. Tradução de Elia Ferreira Edel. Rio de Janeiro: José Olympio Editora, 1999.

GODOY, Maria Helena Padua Coelho De. Brainstorming: como atingir metas. Belo Horizonte: Editora INDG, 2004.

GOLEMAN, Daniel. Foco: atenção e seu papel fundamental para o sucesso. Tradução de Cassia Zanon. Editora Objetiva, 2014.

ISAACSON, Walter. Os Inovadores: uma biografia da revolução digital. Traduzido por Berilo Vargas, Luciano Vieira Machado e Pedro Maia Soares. Companhia das Letras, 2014.

KOCH, Richard. O princípio 80/20: os segredos para conseguir mais com menos. Traduzido por Cristina Sant'Anna. Gutenberg, 2015. 256p.

LIKER, Jeffrey K. O modelo Toyota: 14 princípios de gestão do maior fabricante do mundo. Tradução de Lene Belon Ribeiro. Porto Alegre: Bookman, 2005.

MAQUIAVEL, Nicolau. O príncipe: edição anotada: o pensamento republicano de Maquiavel. Prefácio de Robson Luis Nicolay. Edijur, 2012.

PASTORE, José. Antônio Ermírio de Moraes: memórias de um diário confidencial. Editorial Planeta, 2013. 352p.

RAMOS, Flávio Souza. Socorro: tenho uma empresa!. São Paulo: ADEMPE Editora e cursos, 1997.

SANT'ANNA, Ivan. 1929, quebra da bolsa de Nova York: a história real dos que viveram um dos eventos mais impactantes do século. Objetiva, 2014. 280p.

THIEL, Peter; MASTERS, Blake. De zero a um: O que aprender sobre empreendedorismo com o Vale do Silício. Objetiva, 2014. 216p.

XAVIER, Adilson. Storytelling: histórias que deixam marcas. Best Business, 2015.

**Texto adaptado a partir da obra "Winston Churchill Ceo: 25 lições indispensáveis para líderes extraordinários" do autor Alan Axelrod. Citadas em destaque nas páginas: 22, 25, 27, 29, 32, 36 e 37.*